그냥 오는 돈은 없다

부와 행복에 관한 57가지 조언

그냥 오는 돈은 없다

부와 행복에 관한 57가지 조언

단희쌤(이의상) 지음

포레스트북스

당신의
행복을
컨설팅해 드립니다

한 가지 비밀을 알려 드리겠습니다.

경제적으로 자유롭게 잘사는 비결입니다. 딱 세 가지가 필요합니다. '결핍'과 '절실함' 그리고 '삶을 대하는 마음 자세와 태도'입니다.

누구나 결핍을 느끼며 잘살고 싶다는 절실함을 갖고 있으니, 여러분은 이미 두 가지 조건을 충족시켰습니다. 나머지 하나를 채우는 데 작게나마 도움을 드리고자 이 책을 썼습니다.

흔히 돈을 좇으면 돈은 달아난다고 말니다. 돈 버는 일에 혈안이 되어서 과하게 욕심을 부리면 결국엔 중요한 것을 잃게 된다는 교훈을 담은 말입니다. 실제로 그렇습니다. 돈만 좇으면 반짝 부자가 될 수 있을지는 모르지만 행복을 잃습니다. 반면에 나 자신을 신뢰하고 하루하루 좋은 행동을 하면 그 행동이 쌓여 좋은 미래를 만듭니다. 이때는 돈이 행복을 데리고 옵니다. 이 차이를 결정짓는 것이 바로 삶을 대하는 마음 자세와 태도입니다.

저는 30대 후반에 10억 원이 넘는 큰 빚을 졌습니다. 친형같이 믿었던 동업자에게 뒤통수를 맞은 겁니다.

불행은 한꺼번에 찾아왔습니다. 사기를 당해서 큰 빚을 지고, 아내와 이혼했으며, 노숙 생활을 해야 했고, 혈액암 판정을 받은 아버지를 돈이 없어서 허무하게 보내 드려야 했습니다.

빚을 갚기 위해서 안 해 본 일이 없습니다. 하루 3시간씩 자면서 투잡, 쓰리잡을 뛰다가

쓰러져 응급실에 실려 간 적도 있습니다. 아무리 노력해도 빚을 갚기는커녕 이자만 쌓여 갔습니다. 삶은 조금도 나아지지 않았습니다. 39살에 1평도 안 되는 영등포 쪽방에서 자살을 시도하기도 했습니다. 그리고 깨달았습니다. 열심히만 살아서는 이 상황을 극복할 수 없다는 사실을.

해결 방법을 찾아야 했습니다. 미친 듯이 책을 읽고, 강의를 듣고, 멘토를 찾아다녔습니다. 그렇게 해서 알게 된 것을 하나하나 실천해 나갔습니다. 오래지 않아 빚을 다 갚고 어느 정도의 재산을 모을 수 있었습니다. 그때를 되돌려 보면 제가 특별한 비법을 알아서 짧은 시간에 큰돈을 번 것은 아니었습니다. 묵묵히 그리고 꾸준히 매일 한 걸음씩 나아갔을 뿐입니다. 그러자 한꺼번에 보상이 찾아왔습니다.

그때부터 지금까지 13년 넘는 시간 동안 삶

을 고민하는 수많은 사람을 대상으로 매일 상담과 컨설팅을 해 왔고, 수천 번의 강의와 세미나를 진행했습니다. 이렇게 만난 분이 10만 명이 넘습니다. 뿐만 아니라 블로그, 밴드, 카페, 페이스북, 유튜브 등의 온라인 채널을 통해 100만 명이 넘는 분들과 꾸준히 소통해 왔습니다. 그래서 중년들의 고민과 걱정을 어느 누구보다 잘 이해하고 있고, 해결 방법도 어느 정도는 제시해 드릴 수 있게 되었습니다.

인생은 선택의 연속입니다. 그 선택이 나의 미래를 결정합니다. 부와 행복은 결국 선택의 문제이니까요. 저 역시 그때 그런 선택을 했어야 하는데 하고 후회하는 일이 많았습니다. 또 수없이 많은 실패를 경험했고 실수도 되풀이했습니다. 그 과정을 지나면서 작은 깨달음을 얻었습니다. 나와 같이 잘못된 선택을 하지 않고 여러분이 좀 더 나은 선택을 할 수 있도록 이 책을 통해

작은 경험을 나누고자 합니다.

2021년 8월 저는 〈인클〉이라는 '인생 2막 클래스' 플랫폼을 만들어 힘겨운 도전을 시작했습니다. 얼마 전에 저를 잘 아는 지인이 그러더군요. "늦은 나이에 이제 좀 편하게 살지, 왜 이렇게 또 힘든 도전을 해요?" 그 이유는 명확합니다. '위기의 중년들이 인간다운 삶을 누리도록 돕기 위해서'입니다. 그것은 제 인생의 미션이자 사명이기도 합니다.

힘겨운 시간을 극복하고 오늘에 이르는 과정에서 깨달은 것들을 이 책에 솔직하게 담았습니다. 돈과 인생에 대한 자세, 성공한 사람들의 특징, 은퇴 이후의 삶을 더욱 여유롭게 보내는 사람들의 이야기, 저처럼 어려움을 이겨내고 부를 거머쥔 사람들의 경험, 힘겨운 삶을 변화시키는 방법 그리고 무엇보다도 행복해지는 비결에 대해 다루었습니다.

이 책이 위기에 처한 분들을 희망으로 안내하는 길잡이기 되기를 바랍니다. 행복해지고 싶다면, 인생 후반전을 풍요롭게 살고 싶다면, 부자가 되고 싶다면, 나 자신을 찾고 싶다면, 이 책이 당신을 좋은 방향으로 안내해 줄 것입니다.

Chapter 1

미래는 오늘
내가 한 행동들의
합이다 돈을 만드는 노력은 따로 있다

Chapter 2

/

내 인생
최고의 파트너는
바로 나! 어떻게 내 안에 숨은 힘을 꺼낼 것인가?

Chapter 3

공부하고,
나누고,
행복하라 성공을 만드는 삶의 조각들

Chapter 4

지금껏 잘해 왔다고
나에게
말해 주는 시간 우연한 부자도, 우연한 행복도 없다

미래는
오늘
내가 한 일의
결과다

돈을 만드는
노력은
따로 있다

세상에서
가장 빨리 불행해지는
방법

—

"만약 당신이 천국에 산다면 행복할까?"

중학교 1학년 때 내 짝꿍은 참 멋진 놈이었다. 성격이 좋고 운동을 잘하는 데다 공부까지 잘했다. 질투를 느끼지 않을 수 없을 만큼 잘난 녀석이었다.

1학년 기말고사를 치르기 전에 '딱 10등만 등수가 오른다면 천국 같겠다'라고 생각했다. 기대한 대로 중간고사 때 58명 중 48등을 했던 내가 37등까지 등수가 올랐다. 11등이나 올라서 참 기뻤다.

하지만 내 짝을 보는 순간 기쁨이 순식간

에 사라졌다. 성격 좋고 운동 잘하고 공부도 잘하는 녀석이 곁에 있는 한 나는 영원히 행복할 수 없을 것 같았다.

한 달 전 40대 후반 여성을 상담했다. 4년 전에 도봉구에 있는 40평대 아파트로 이사했다고 했다.

"저도 그 동네 알아요. 주변 환경도 좋고 살기도 편하겠더라고요."

"네, 맞아요. 자연 환경도 좋고 쾌적해서 참 좋아요."

"전에는 어디 사셨나요?"

"사당동에서 살았어요. 20평대 아파트에서요."

"도봉구로 이사한 이유가 있나요?"

"아이들이 중학생, 고등학생이 되면서 조금 더 큰 집이 필요했거든요."

"도봉구 아파트로 이사하고 나서 4년 동안에 많이 올랐죠?"

"네, 한 3억 원 정도 올랐어요."

"좋으시겠어요. 환경이 좋은 동네의 더 큰 집으로 이사하고, 집값도 3억 원이나 올랐으니까요."

순간 상담자의 표정이 어두워졌다.

"아뇨. 너무 화가 나고 속상해서 요즘 잠을 제대로 못 자요."

"네? 왜요?"

"전에 살던 사당동 아파트는 그동안 가격이 거의 2배나 올랐어요."

"그렇죠. 사당동이 도봉구보다 더 많이 올랐죠."

"그러니까요. 이사하지 말고 버텼어야 하는데…… 괜히 이사했나 봐요. 지금이라도 다시 사당동 아파트로 이사 가야 할까요?"

가족이 원했던 큰 새집과 좋은 환경을 누리게 돼서 좋다고 하던 그녀는 사당동 아파트가 더 올랐다는 사실을 떠올리고는 순식간에 불행해지고 말았다.

50평짜리 땅을 샀다. 행복하다. 그런데 옆집 철수가 100평짜리 땅을 샀다. 부럽다. 그래서 나는 불행하다.

열심히 돈을 모아서 나도 100평짜리 땅을 샀다. 행복하다. 그런데 철수가 이번에는 200평 땅을 샀다. 부럽다. 나는 다시 불행해졌다.

이처럼 자신을 타인과 비교하면서 나의 행복을 결정하는 한 불행의 굴레에서 벗어날 수 없다.

왜 우리는 가진 것에 만족하지 못할까? 왜 타인과 비교하면서 불행해질까? 이런 심리를 '비교 상실'이라고 한다. 오슬로 대학교 사회인류학과의 에릭센 교수는 자신의 저서《만약 우리가 천국에 산다면 행복할 수 있을까?》에서 비교 상실에 대해서 이렇게 설명한다.

> 외부 환경과 나의 현실을 비교함으로써 내면적 상실을 경험하는 것.

그렇다. 인간은 타인의 행복에서 불행을 느끼고 타인의 불행을 목격하며 때때로 짜릿한 쾌감에 빠져드는 나약한 존재다.

우리가 살아가면서 불행을 느끼는 대부분의 이유는 행복의 기준을 타인과의 비교에 두기 때문이다. 왜 내가 아닌 타인에 의해서 행복을 결정하는 걸까? 하지만 이런 사실을 알면 행복해지는 방법도 쉽게 알 수 있다. 해답은 간단하다. 비교의 기준을 바꾸면 된다. 타인과 나를 비교할 것이 아니라, 나 자신과 나를 비교하자. 과거의 나와 현재의 나를 비교하자. 조금씩 성장해 가고 있는 나를 바라보면서 희열을 느끼는 것이다.

인간은 성장하고픈 본능을 갖고 있다. 우리는 성장을 통해 행복을 느끼도록 태어났다. 성장에는 여러 종류가 있다. 인격의 성장, 지식의 성장, 관계의 성장, 포용의 성장…… 무엇이든 내가 성장하고 있다는 사실을 바라보자. 그러면 비록 그 성장이 더디고 미약하더라도 우리는 행복할 수 있다.

나는 내가 이루어 가고 있는 작은 성장들을 매일 찾아본다.

어제보다 많이 웃은 나를,

어제보다 많이 경청한 나를,

어제보다 많이 독서한 나를,

어제보다 일찍 일어난 나를,

어제보다 맛있게 저녁을 먹은 나를,

어제보다 엄마와 많은 대화를 한 나를.

당신도 찾아보라.

어제보다 당신을 나은 사람으로 만든 작은 성장들을.

나보다 더 가진 사람을 부러워할 순 있어.

하지만 부러움과 불행함을 혼동하지는 마.

내려놓음,
그것은 선택이 아니라
행복을 위한 필수 항목

——

1년 전, 상담을 하면서 만난 부부를 생각하면 절로 미소가 지어진다.

남편은 59세로, 26세에 직장생활을 시작해서 33년 동안 열심히 일했다. 그는 퇴직을 5개월 앞두고 있었다. 외벌이로 자식들 교육시키며 먹고사느라 모아 둔 현금은 없었다. 거주하는 은평구의 아파트가 전 재산이었다. 10년 전쯤 5억 원에 산 아파트의 시세가 올라서 10억 원 정도였다. 집에 잡혀 있는 담보 대출금 4억 원을 빼면 순자산은 6억 원이었다.

당시 부부는 잠을 제대로 못 잔다고 하소연했다. 남편의 퇴직이 코앞인데, 앞으로 어떻게 먹고살아야 할지 막막하다고 했다. 가지고 있는 돈도 없고 딱히 기술도 없었다. 퇴직한 뒤 대출을 받아서 식당이라도 해 볼까 했지만 자신이 없었다. 앞날 걱정에 잔뜩 예민해진 탓에 부부싸움도 잦다고 했다.

남편은 애들 다 키웠으니, 고향인 경주에 내려가서 살자고 했다. 하지만 아내는 극구 반대했다. 29살 딸과 26살 아들 때문이었다.

"아들 때문에 서울에 살아야 한다고요?"

내 물음에 아내가 대답했다.

"네, 둘째가 올해 대학원에 들어가서 3년 정도는 같이 살아야 해요."

"요즘엔 기숙사도 있고, 전세 자금 1억 원을 월 1.2퍼센트에 대출받을 수 있어서 월 10만 원이면 원룸에 살 수도 있어요."

"아이 혼자 살게 하는 건 불안해요."

"26살이면 다 컸는데요."

"그래도 아들을 위해서 같이 있어 줘야 할 것 같아요."

"아들을 진심으로 위한다면 홀로 설 수 있도록 해 주는 게 더 좋지 않을까요?"

아내에게는 서울에 살아야 할 이유가 하나 더 있었다. 딸이 세종시에서 공무원으로 일하고 있는데, 사귀고 있는 남자와 3년 정도 뒤에 결혼할 예정이었다.

"따님은 세종시에 사는데, 왜 두 분이 서울에 살아야 하죠?"

"예비 사돈댁이 송파구에 살아요."

"그런데요?"

"나중에 상견례를 할 때 서울에 사는 걸 보여 주고 싶어요. 앞으로 예비 사위도 인사하러 올 텐데, 서울에서 맞이해야죠."

한편으로는 씁쓸했지만, 딸이 기죽지 않게 하려는 엄마의 마음은 충분히 이해했다. 그래서 화제를 돌려 아내에게 물었다.

"남편 은퇴 후에 어떻게 살면 좋겠어요?"

"조그마한 집 한 채 있고 월세로 200만 원 정도 벌 수 있으면 소원이 없겠어요."

"네, 맞습니다. 내가 살 집과 안정적인 생활비만 있다면 더 바랄 게 없죠. 모든 은퇴자의 꿈입니다."

"아, 또 하나 있어요. 저희 부부의 꿈인데, 조그마한 가죽 공방을 운영하는 거예요."

"두 분 취미가 가죽 공예인가 봐요?"

"네, 남편이랑 취미로 하면서 그동안 지인들에게 선물도 하고 팔기도 했어요."

"은퇴 후에 좋아하는 취미 활동을 할 수 있다면 더할 나위 없죠."

집 한 채와 200만 원 정도의 임대 수익 그리고 가죽 공방을 운영하는 것, 이것이 부부의 꿈이었다.

그로부터 1년이 지난 지금, 부부는 어떻게 살고 있을까?

아내가 말한 세 가지 꿈을 모두 실현했다. 어떻게 그럴 수 있었을까? 그 이유는 간단하다. 아내가 껴안고 있던 두 개의 짐을 내려놓았기 때문이다.

첫 번째 짐은 아들에 대한 책임이었다. 아들은 현재 학교 앞 원룸에서 전세로 살고 있다. 대학생 전세 보증금 1억 원을 대출받았다. 한 달 이자가 10만 원 정도여서 부담이 크지 않다.

두 번째 짐은 결혼을 앞둔 딸이었다. 그런데 딸이 이렇게 말했다고 한다.

"엄마 아빠가 저 때문에 서울에 사는 건 원치 않아요. 그리고 부모님이 서울에 집에 있다는 것도 제겐 중요하지 않아요. 엄마 아빠가 원하는 삶을 사는 게 제가 가장 원하는 거예요."

그래서 부부는 홀가분하게 서울의 아파트를 팔았다.

대출금 4억 원을 갚고 6억 원 정도의 자금을 확보했다. 고향인 경주에 20평대 아파트를 1억 8천만 원에 샀다. 그리고 8억 원 하는 2층짜리 꼬마 건물을 4억 원을 대출받아서 매입했다. 남은 2천만 원으로 집 근처에 있는 1층 상가를 임대하여 가죽 공방을 차렸다.

현재 대출 이자를 빼고 월세 수입은 220만 원 정도 된다. 가죽 공방을 운영하면서 수강료와 재료 판매로 월 100만 원 정도의 수입을 올린다. 합쳐서 월 300만 원 정도의 수입을 확보했다.

부부는 세 가지 꿈을 모두 이루었다. 내 집 한 채, 임대 소득, 가죽 공방을 6억 원으로 해결했다. 지금 부부는 현실로 이루어진 꿈속에서 행복하게 살고 있다.

한 달 전 아내분으로부터 카톡이 왔다.

'지금 경주에서 매일 행복하게 잘 지내고 있어요. 평생

어떤 시기에 이르면 생의 패러다임을

완전히 새롭게 정리해야 한다.

그렇게 하기 위해

가장 먼저 선행해야 할 것은

　　　내 삶을 가볍게 만들고 일상을

단순화시키는 것이다.

하지만 대부분의 사람은

어리석게도

자신을 짓누르는 삶의 무게를

마치 훈장처럼 여긴다.

애들 키우며 먹고사느라 정신없이 보냈는데, 지금 삶이 꿈만 같아요. 지금의 선택을 할 수 있게 도와주셔서 고마워요. 경주에 꼭 한번 놀러 오세요. 저희 행복하게 잘사는 모습 보여드릴게요.'

만약 이 부부가 이런 선택을 하지 않았다면 어떻게 됐을까? 남편은 은퇴 후에도 생활비를 벌기 위해 평생 노동을 하면서 살아야 했을 것이다. 그럼 부부가 꿈꾸었던 가죽 공방 역시 단지 꿈으로 끝났을 것이다. 그리고 힘들고 고단한 삶을 이어 가야 했을 것이다.

우리는 많은 것을 손에 쥐고 살려고 한다. 그러나 내가 쥐고 있는 것을 놓지 않는 한 내가 진정 원하는 것을 가질 수 없다.

아내가 꼭 잡고 놓지 못한 것은 무엇이었을까? 결혼을 앞둔 딸을 위해 서울에 살아야 한다는 것, 대학원에 들어간 아들 뒷바라지. 어찌 보면 그것은 자식들의 바람이 아니라, 아내의 바람이었을 것이다.

우리가 살면서 지켜야 할 것은 체면도, 과도한 의무도, 겉치레도 아니다. 이런 것들이 내 삶에 행복을 가져다주지는 않는다. 타인의 시선을 충족시키려는 마음을 내려놓으면 어떨까? 온전히 내가 진정으로 원하는 것을 찾고, 내 삶에 그것을 가져와 살아가자. 우리는 어떠한 상황에서도 내 자유의지로 내가 원하는 것을 선택할 수 있다. 우리가 껴안고 가야 할 것은 오직 나로서 살아가는 것이다.

우리가 삶을 이어 가는 근본적인 이유는 '행복'이다.
'어떻게 하면 행복하게 살 수 있을까?'
이 질문을 이렇게 바꿔 볼 수 있다.
'무엇을 버리고 무엇을 쥘 것인가?'
오늘 나는 나 자신에게 질문한다.
'내가 진정으로 원하는 행복한 삶은 무엇일까?'
'온전히 내가 쥐고 가야 할 것은 무엇인가?'

모래주머니를 버려야만 열기구는 더 높은 곳으로 향한다.

삶이 가벼워야 행복도 올라간다.

성공한 사람들의
단 한 가지
특징

———

한 달 전 스물일곱 살의 특별한 청년을 만났다. 내가 운영하는 영상 플랫폼 〈인클〉(인생 2막 클래스)의 강사를 제안하기 위해서였다. 내가 제안한 강의 콘텐츠는 '누구나 집에서 쉽게 돈 버는 방법'이었다.

"젊은 나이에 어떻게 이 분야 전문가가 되었어요?"

내 물음에 그가 머리를 긁적이며 대답했다.

"사실 대학에 다닐 때 용돈이 늘 부족해서 시작하게 되었어요."

"용돈이 부족해서요?"

"네, 공부는 해야겠고 시간 내서 아르바이트하기는 힘들고 해서 방법을 찾은 거죠. 궁하면 통한다고, 온라인으로 돈 버는 방법을 미친 듯이 찾아서 연구하고 적용했어요."

"정말 궁해서 통했군요."

그는 공부를 하면서 시간을 많이 빼앗기지 않고 할 수 있는 온라인 부업을 찾았다. 찾는 것으로 그치지 않고 자신에게 맞게 적용해서 바로 행동으로 옮겼다. 그리고 많은 돈을 벌었다. 지금은 자신이 알게 된 재택 아르바이트의 노하우를 유튜브를 통해 공유하고 있다.

"취업은 안 하실 건가요?"

내 물음에 청년이 답했다.

"처음엔 취업을 목표로 공부했는데, 지금 웬만한 대기업 직원보다 훨씬 많이 벌기 때문에 딱히 취업 생각은 안 합니다."

"그럼 앞으로 이 분야에 계속 파고들려고요?"

"지금 유튜브를 통해 다양한 사업 제안이 들어오고 있어서 계속해 보려고요."

"대단합니다."

"단희쌤님 동영상 플랫폼에도 동참할 수 있게 되었잖아요. 지금 참 좋습니다."

"앞으로 어디까지 성장하실지 기대가 됩니다. 멋져요."

부족한 용돈을 벌기 위해서 시작한 아르바이트가 그의 사업 아이템이 되었다. 현재 다양한 곳에서 그의 노하우를 원하고 있고, 그는 온·오프라인을 통해 강의를 하고 있다. 그 외에도 다양한 사업을 펼치고 있다.

한국경제연구원의 발표에 따르면, 청년들의 체감 경제 고통 지수가 2015년 이후 최대치라고 한다. 이런 수치가 나온 가장 큰 이유는 역대 최악의 취업 한파 때문이다.

중·고등학교에서 치열하게 공부해 대학에 진학한다. 대학에서는 학과 공부보다는 취업 공부에 몰두한다. 대학 생활은 취업을 위한 준비 기간이 되었다. 그러나 원하는 기업의 취업 문턱을 넘기 힘든 것이 현실이다. 이러한 고난과 시련을 청년 세대 누구나 겪고 있다. 중요한 것은 시련과 고난을 대하는 태도다. 예전에 본 책의 문구가 생각난다.

'중요한 것은 당신에게 생긴 일이 아니라, 그 일에 대한 당신의 반응이다.'

부동산으로 100억대 자산가가 된 여성 CEO가 있다. 그분의 성공 스토리를 간단하게 옮기겠다.

그녀는 20대 중반에 결혼했다. 행복한 결혼을 꿈꾸었지만, 지옥을 경험해야 했다. 남편은 알코올 의존증과 도박 중독이 심했다. 게다가 거의 매일 반복적으로 폭력을 휘둘렀다. 10년 가까이 그렇게 살았다. 더 이상 참을 수 없어서 30대 중반에 이혼하고 월세 20만 원짜리 반지하 방에서 아이와 생활했다.

사회생활을 한 번도 해 보지 않았던 그녀는 살길이 막막했다. 조그마한 분식집이라도 차리고 싶었지만, 당장 하루하루 끼니를 걱정해야 할 판국에 그럴 돈이 없었다. 식당에 일자리를 소개받았지만, 거기에서 나오는 수입으로 아이를 키우며 생활하기가 너무 벅찼다. 그녀는 사방팔방으로 살 길을 알아보다가 자금 투자 없이 할 수 있는 어린이 도서 전집 영업을 시작했다. 1년이 안 되어 영업 조직 내에서 판매 1위를 했다. 그러던 중 책을 구입한 부동산 중개업소 사장으로부터 같이 일하자는 제안을 받았다. 그렇게 부동산 중개업에 뛰어들었다.

새로 시작한 일에 빨리 적응하고 자리 잡기 위해 매일 3시간만 자면서 배우고 또 배웠다. 부동산 중개업을 시작한 지 1년도 안 되어 한 달 수입 1천만 원을 넘겼다. 그곳에서 2년 동안 일한 뒤 분양 사업을 시작했다.

분양 사업으로 승승장구해서 5억 원 정도를 만든 그녀는 부동산 신축 개발 사업에 뛰어들었다. 그리고 100억대 자산가가 되었다.

이렇게 짧게 이야기해서 별다른 일이 없었을 것 같지만, 그녀는 100억대 자산가가 되기까지 숱한 고난과 시련을 겪어야 했다. 보통 사람이라면 진즉에 체념하고 포기했을 것이다. 그러나 그녀는 자신에게 닥친 시련을 대하는 태도가 남달랐다. 시련을 오히려 기회로 받아들였다.

처음 전집 외판원을 할 때도, 부동산 중개업을 할 때도, 분양 사업을 할 때도, 신축 개발 사업을 할 때도 사방이 벽이었다. 그러나 그녀는 포기하지 않았다. 자기 앞을 가로막은 벽을 넘기만 하면 새로운 세상이 열릴 것을 믿었기에 자신의 모든 것을 걸고 도전했다.

우리는 살아가면서 수없이 많은 시련과 고난을 만난다. 중요한 것은 그때 그것을 대하는 태도다. 그 태도가 미래를 결정한다. 태도는 오로지 내가 선택하고 결정한다. 그리고 그 결과 역시 나의 책임이다.

직장인이 아니라 직업인의 길을 선택한 27세 청년도, 불우한 현실에 주저앉지 않고 100억대 자산가가 된 그녀도 자신이 닥친 문제 앞에 굴복하지 않고 그것을 오히려 기회로 삼는 태도를 보였다. 그 태도가 그와 그녀를 성공으로 이끌었다.

그렇다. 내 앞에 어떤 문제가 닥쳤을 때, 그 문제를 대하는 삶의 태도가 내 미래를 결정한다. 당신은 어떤 삶의 태도를 선택할 것인가?

장수 만세
vs
장수 재앙

—

💧 아래 노랫말을 아는가?

할아버지 할머니 노래를 하고,
아들, 손자, 며느리도 함께 불러요.
온 가족이 모여서 즐거운 한때.
노래하고 춤추는 장수 만세.

지금 50~60대라면 기억할 것이다. 1970
년대에 TBC 방송국에서 방영한〈장수 만세〉
라는 TV 프로그램의 오프닝 주제가 가사다.
당시 프로그램을 진행한 황인용 씨가 한껏
몸을 낮추고 어르신을 공손하게 대하던 모습

이 기억난다.

내가 어렸을 때인 1970년대만 해도 자식이 부모를 봉양하는 것이 지극히 당연했다. 40~50년 전만 해도 어르신은 가정과 사회에서 존경받고 존중받는 존재였고, 오래 사는 것이 축복이었다. 그래서 〈장수 만세〉 같은 프로그램이 만들어졌을 것이다.

당시 평균 수명이 70살 전후였다. 자식들 열심히 키우고 나면, 장성한 자식의 보살핌을 받으면서 삶을 아름답게 마무리할 수 있었다. 그러나 지금은 어떤가? 100세 시대다. 평균 수명이 20~30년 정도 늘었다. 말 그대로 장수 만세의 시대다. 그런데 정말 '장수 만세'일까?

자식이, 사회가 장수 노인을 바라보는 시선은 어떠한가? 예전과는 많이 다르다. 나이가 들수록 존경받는 것이 아니라 천시賤視당한다. 노인에 대해 가정과 사회가 거부하고 냉대하며 무관심한 태도를 취한다. 슬프지만 현실이다.

최근 대한민국 국민을 대상으로 실시한 의식 조사 결과는 가히 충격적이다. 1998년까지만 해도 89.9퍼센트가 노부모를 가족이 책임져야 한다고 여겼다. 하지만 비율이 갈수록 낮아져서 2002년에는 70.7퍼센트, 2008년에는 40.6퍼센트까지 떨어졌다. 2016년의 조사에서는 30.8퍼센트로 대폭 감소했다. 그로부터 6년이 지난 2022년에 조사를 실시한다면 이 비율은 더욱 낮을 것이다. 이제는 자식이 부모의 노년을 책임지지 않는 것이 당연한 시대가 되었다.

문제는 수명이 너무 길어졌다는 점이다. 통계를 보면 직장인의 평균 은퇴 나이가 50살이다. 수명이 길어진 반면 정년은 짧아졌다. 25살에 취업한다고 가정하면, 25년 벌어서 50년을 버텨야 한다. 이게 가능한 일인가? 자식도, 국가도 노년을 책임지지 않는다.

생각을 바꿔야 한다. 은퇴를 끝이 아니라, 새로운 인생 2막의 출발점으로 삼아야 한다. 화려한 인생 2막을 위해서 미리 준비해야 한다. 어떻게? 수명이 짧은 '직장인'이 아니라, 수명이 긴 '직업인'이 되어야 한다.

한 달 전에 61세 남성이 방문했다. 그는 지금 유튜브도 하고 책도 쓰고 강의도 하면서 현역 때보다 더 바쁜 삶을 살고 있다.

우직하게 한 길을 가는 것이 미덕이던 시절이 있었다.

하지만 시대는 변했고, 인생도 그 변화에 맞추어야 한다.

직장에 충실하되 평생의 업으로 삼을 무언가를 찾아야 한다.

그러한 탐색과 노력이 은퇴 이후의 삶을 결정한다.

"퇴직은 몇 살에 하셨나요?"

"정년이 60살이지만 57살에 자진해서 퇴사했어요."

"노후 생활비가 필요할 텐데, 왜 중간에 나오셨죠?"

"직장 다닐 때 미리 은퇴 준비를 해서 눈칫밥 먹으며 더 있을 필요가 없었어요."

"어떤 준비를 하셨죠?"

"매일 책 읽고, 글쓰기 강좌도 듣고, 스피치 학원에 다니고, 유튜브에 대해서도 배웠어요."

"대단하십니다. 앞으로 계획은 어떠시죠?"

"평생 작가로, 강사로 그리고 유튜버로 90살이 되어서도 활발한 현역으로 살 거예요."

"선생님, 참 행복해 보이십니다."

"맞습니다. 젊었을 때보다 지금이 훨씬 더 좋아요. 내가 하고 싶은 일을 하면서 평생 현역으로 사는 걸 친구들도 엄청 부러워해요."

그의 삶에 우리가 찾는 해답이 있다. 은퇴 전에 평생의 업을 준비해야 한다. 생계를 유지하는 차원을 넘어 나로서 살아가는 길을 찾아야 한다. 누구나 미리 준비하면 그처럼 화려하고 행복한 인생 2막을 살아갈 수 있다.

인터넷과 책을 비롯한 여러 매체가 인생 2막을 준비할 수많은 방법을 제시하고 있다. 과거에는 정보가 없어서 못했다고 하지만, 이제는 그런 핑계도 댈 수 없다. '장수 만세'를 선택할지, '장수 재앙'을 선택할지 이제 당신의 선택만 남았을 뿐이다.

60 이후의 내 인생을
황금기로
만드는 비결

—

"그때 그 아파트를 샀어야 했는데……."

상담을 하면서 내담자에게서 가장 많이 듣는 말이다. 집값이 폭등하는 시기에 혜택을 누리지 못한 분들의 하소연이다. 그 때문에 우울증까지 걸렸고, 사는 게 재미없다고 푸념을 늘어놓는 분도 있다. 어떤 선택에 대한 후회가 마음 깊숙이 자리 잡고 있기 때문이다.

후회란 과거에 대한 미련에서 비롯된다.

"그때 그걸 했어야 했는데……."

분명한 사실은 지나간 과거는 절대 되돌릴 수 없다는 것이다.

고대 로마 스토아학파의 철학자 에픽테토스는 이런 말을 남겼다.

제일 먼저 따져 봐야 할 중요한 원칙은 '이것이 과연 내 뜻대로 할 수 있느냐, 없느냐'이다. 만약 내 뜻대로 할 수 있는 것이 아니라면, 내 이성으로 하여금 이것이 나와 아무런 상관이 없다고 여기고 무시하도록 하라.

에픽테토스의 말대로 살 수 있다면 우리가 느끼는 대부분의 불안과 불만, 불행을 조장하는 감정으로부터 자유로울 수 있을 것이다.

우리는 내 뜻대로 할 수 없는 과거에 미련을 안고 살아간다. 그래서 후회하고 괴로워한다.

60세를 넘어서면 많은 것을 잃게 된다. 체력이 떨어지고, 시력과 청력도 약해진다. 기억력도 나빠지고 유연성과 순발력, 집중력도 떨어진다.

그러나 60세 이후에도 인생의 봄날을 사는 사람들이 있다. 그들은 어떻게 그런 삶을 향유할 수 있을까? 이유는 간단하다. 40대와 50대부터 60세 이후를 차근차근 준비한 것이다.

당신은 인생의 황금기가 언제라고 생각하는가?

20대? 30대? 아니면 40대나 50대?

2021년에 102세가 된 철학자 김형석 교수가 자신의 책 《백년을 살아보니》를 통해 이 질문에 답을 준다. 그는 인생의 황금기를 60세부터 75세까지라고 말한다. 잠시 내용을 살펴보자.

정신적 성장과 인간적 성숙은 한계가 없다. 노력만 한다면 75세까지는 성장이 가능하다고 생각한다. 나도 60이 되기 전에는 모든 면에서 미숙했다는 사실을 인정하고 있다. 나와 내 가까운 친구들은 오래전부터 인생의 황금기는 60~75세라고 믿고 있다.

실제로 살아 본 분이 하는 말씀이니 맞는 말일 것이다. 김 교수의 친구들도 이 말에 동의하고 있지 않은가. 단, 아무나 60~75세를 인생의 황금기로 보낼 수 있는 건 아니다. 조건이 있다. 그 조건에 대해서도 김 교수는 책에서 밝히고 있다.

지금 우리 사회는 너무 일찍 성장을 포기하는 젊은 늙은이들이 많다. 아무리 40대라고 해도 공부하지 않고 일을 포기하면 녹스는 기계와 같아서 노쇠하게 된다. 60대가 되어서 진지하게 공부하며 일하는 사람은 성장을 멈추지 않는다.

미국 텍사스 대학교의 물리학 박사 존 굿이너프John Goodenough는 2019년에 노벨 화학상을 수상했는데, 당시 그의 나이가 97세였다. 존 굿이너프 박사에게 인생의 황금기는 97세인 것이다. 나이가 들면서 육체적 기능이 떨어지는 것은 자연스러운 일이지만, 꾸준히 노력한다면 우리의 정신 작용은 70대, 80대, 90대에도 왕성하게 활동한다.

상담하기 위해 나를 찾아오는 분들 중 절반 이상이 50대다. 상담을 하다 보면 이런 넋두리를 늘어놓는다.

"이제 뭘 새로 시작하는 건 무리인 것 같아요."

"이 나이에 그걸 해서 뭐하게요?"

"책을 읽고 싶지만, 집중이 안 돼요."

"내일모레면 환갑인데 어떻게 새로운 일에 도전할 수 있겠어요."

안타깝다. 인생의 절반밖에 살지 않았는데, 스스로 성장하기를 멈춘다.

우리의 인생은 길다. 100년을 살아야 한다. 아니, 그 이상 살 수도 있다. 50대는 인생의 한가운데에 서 있는 것이다. 이때 성장하기를 멈춘다면 60대 이후의 삶은 퇴보하는 일밖에 남지 않는다. 인생이 후퇴하는 것은 내가 먼저 느끼고, 타인이 느낀다.

퇴보하는 당신이 행복하겠는가?

퇴보하는 당신을 바라보는 타인은 어떻겠는가?

만약 당신이 지금 50대라면, 축복이다. 아직 충분한 기회가 있기 때문이다. 내 인생의 화려한 봄날을 만들 기회가 아직 충분하다. 김형석 교수의 말대로 60~75세를 인생의 황금기로 만들 기회 말이다.

60대 이후 삶의 질은 당신의 선택에 달렸다.

성장하겠는가, 멈추겠는가?

은퇴 이후의 삶은 버려지거나 덤으로 얻은 시간이 아니다.

보다 적극적으로 나 자신으로서 살아가기 위해 주어진 기회이다.

책임과 순종이라는 단단한 껍질 속 씨앗이었던 내가

비로소 싹을 틔우는 시간이다.

미래의 나를
결정하는 것은
무엇일까?

—

'아는 것이 힘이다.'

영국의 철학자 베이컨이 한 말이다. 나는 이 말에 살짝 딴죽을 걸고 싶다.

생각해 보자. 살을 빼고 싶다면 어떻게 해야 할까? 이 질문의 답은 삼척동자도 안다. 적게 먹고 많이 움직이면 된다. 우리는 살을 빼는 데 필요한 지식을 충분히 갖고 있다. 그런데 왜 쉽게 살을 빼지 못할까?

사업적으로 친분을 맺고 있는 한 분이 있다. 2~3주에 한 번 정도 만나서 저녁 식사를 한다. 한번은 식사 중에 그분이 이런 이야기를 꺼냈다.

"중년이 될수록 기초 대사량을 높이는 운동을 해야 한 대요."

"왜 그렇죠?"

"그래야만 면역력이 높아지고 지방도 효과적으로 분해할 수 있기 때문이죠."

"그럼 기초 대사량을 높이려면 어떻게 해야 하죠?"

"근육의 양을 늘리고 근력을 키워야 해요."

"근력을 키우려면 어떻게 하는 게 좋을까요?"

"일주일에 최소 서너 번은 강도 높은 무산소 운동을 해야 해요."

이론으로는 박사급이다. 그런데 그는 현재 키 168센티미터에 몸무게가 86킬로그램이고 허리둘레는 40인치가 넘는다. 그는 살을 빼는 데 필요한 지식만 꾸준히 쌓아 가는 중이다.

우리는 정보 과잉의 시대를 살고 있다. 컴퓨터를 켜서 키보드와 마우스를 몇 번 조작하기만 해도 필요한 정보를 손쉽게 얻을 수 있다. 돈을 버는 방법도, 성공하는 방법도 다 나와 있다. 예전에는 돈을 벌고 싶고 성공하고 싶어도 정보에 접근할 수 없어서 어려움을 겪었다. 하지만 이제는 누구나 마음만 먹으면 고급 정보에 접근할 수 있고, 지식을 내 것으로 만들 수 있다.

현재의 내 삶은 어떻게 결정되었을까? 내가 알고 있는 지식이 나를 만들었을까? 아니다. 내가 아는 것이 아니라, 아는 것을 행동으로 옮긴 그 하루하루가 쌓여 현재의 나를 만들었다.

같은 이치로, 1년 뒤에 내가 어떤 모습으로 살아가고 있을지를 예측하는 것도 어렵지 않다. 내가 지금 매일 하고 있는 행동들을 관찰하면 된다. 구체적인 행동들이 모여 1년 뒤의 나를 만든다. 오늘 하루, 오늘 오전 한때, 1시간, 지금 1분에 무엇을 하고 있는가가 나의 미래를 결정한다.

매일 블로그에 글을 쓰면 책 한 권이 완성될 것이다.

매일 유튜브에 영상을 올리면 매달 일정한 수입이 생길 것이다.

매일 운동을 한다면 멋진 몸매와 더불어 건강을 얻을 것이다.

매일 1만 원씩 저축한다면, 1년 뒤 365만 원이 생길 것이다.

매일 책을 읽는다면, 지식과 지혜가 성장해 있을 것이다.

매일 아내에게 사랑한다고 말한다면, 아내도 남편을 더 많이 사랑할 것이다.

매일 사람들에게 "안녕하세요"라고 인사한다면, 좋은 인간관계를 얻을 것이다.

'아는 것이 힘'이 아니라 '행동하는 것이 힘'이다. 아는 것을 행동으로 옮겨야 한다. 아는 것을 머릿속에 잔뜩 담아두고서 걸어 다니는 백과사전이 된들 그게 내 삶에 무슨 소용일까? 남들 앞에서 유식해 보이며 우쭐해하는 것이 행복에 무슨 도움이 될까? 물론 지적 탐구는 그 자체로 즐거움이다. 다만 아는 것을 내 삶에 적용하고, 나와 세상에 이롭다고 생각하는 바를 행하면 삶은 더욱 풍성해진다.

더 많이 알려고 시간을 쓰기보다는 이미 내가 알고 있는 것을 실천으로 옮기는 것이 어떨까? 지금의 행동이 미래를 만든다.

뭐라고요?
내 사주팔자가
안 좋다고요?

—

12월 31일, 서른아홉 살의 마지막 날이었다. 나는 1평짜리 고시원에서 축축한 이불을 덮고 시체처럼 누워 있었다. 시간이 얼마나 흘렀을까? 작은 쪽창으로 보이는 하늘이 먹물처럼 어두웠다.

며칠 전 막노동 현장에서 시멘트 포대를 나르다가 허리를 삐끗했다. 자세를 바꾸려고 조금만 움직여도 허리에 날카로운 통증이 몰려왔다. 고시원 안의 공기는 습하고 탁했다. 좁은 곳에서 종일 웅크려 지냈더니 답답해서 미칠 지경이었다. 허리가 아팠지만, 외투를 입고 밖으로 나섰다.

싸락눈이 내렸다. 입술 사이로 새어 나오는 입김이 내가 아직 살아 있음을 말해 주었다.

11시 58분이었다. 2분만 지나면 내 나이 40살이 된다. 앞의 숫자가 달라진다. 30대를 건너 40대로 들어선다. 그러나 나에게는 아무런 희망이 없었다.

'왜 하는 일마다 제대로 되는 게 없을까? 나에게는 더 이상 미래가 없는 걸까?'

끝이 보이지 않는 캄캄한 터널 속에 있는 것 같았다. 도무지 앞이 보이지 않았다.

지푸라기라도 잡는 심정으로 새해 다음 날 봉천동에 있는 점집으로 향했다. 이름과 생일, 태어난 시時를 말했다. 무속인이 잠시 노트에 무언가를 적고 생각에 잠겼다가 말했다.

"음, 안됐지만 60살까지는 아무리 애를 써도 하는 일마나 잘 안 풀려. 당신은 나무인데, 항상 물이 부족해. 그래서 노력해도 잘 안 돼."

"정말입니까? 아무리 노력해도 잘 안 풀리나요?"

"방법이 있긴 해. 특별한 부적을 하나 써 줄게. 그럼 좋아질 수 있어."

"정말요? 부적을 지니고 다니면 잘될 수 있습니까?"

"그렇다니까. 내 부적 써서 잘살고 있는 사람들 많아."

"부적값이 얼마입니까?"

"이건 아주 특별한 것이라서 200만 원이야."

당시 고시원 월세 내기도 빠듯했다. 지갑에 있는 15만 원이 전 재산이었다. 돈만 있었다면 200만 원짜리 부적이라도 사서 의지했을 것이다. 점집을 나오면서 생각했다.

'결국 내 인생은 이렇게 끝나는구나.'

그 무렵 나는 투잡, 쓰리잡을 하면서 살았다. 그중 하나가 대리 운전이었다.

2월 초순 설날을 며칠 앞두고 새벽에 대리 운전을 할 때였다. 뒷자리에 앉은 고객이 친구와 통화 중이었다.

"친구야, 내가 작년에 신림동에 있는 점집에서 점 본 이야기했잖아. 그런데 그 점쟁이가 놀랍도록 잘 맞혀. 너도 한번 가 봐."

나는 귀가 쫑긋해서 통화 내용에 귀를 기울였다. 10분 정도 지나고 통화가 끝났다.

"손님, 본의 아니게 통화 내용을 들었습니다. 실례가 안된다면 그 신림동 점집 위치 좀 알려 주실 수 있나요?"

"아, 물론이죠. 아저씨도 삶이 꼬였나 본데, 한번 가 봐요."

이틀 뒤에 그가 알려 준 신림동 점집에 갔다. 생일과 태어난 시, 이름을 말했다. 이전의 점집에서는 점괘가 잘못 나온 것이라고 믿고 싶었다. 신림동 점집에서는 내 미래에 좋은 일이 가득하다는 말이 나오기를 기대했다.

"음, 물이 부족해요. 주변에 사람들이 꼬여. 관재수官災數도 보이고……. 65살이 넘어서야 조금씩 좋아질 거야."

기대가 컸던 만큼 실망도 컸다.

나는 아무리 노력해도 안 되는 거구나, 어차피 안 되는데 이렇게 열심히 살 필요가 있나 하는 생각이 들었다. 나는 두 군데 일을 그만두었다. 최소한의 생활비를 벌 수 있는 막노동 일만 가끔씩 했다. 그렇게 폐인처럼 6개월을 보냈다.

내가 머물던 고시원 총무는 당시 50대 중반의 남성이었다. 그는 나의 어려운 상황을 알고 가끔 반찬을 챙겨 주는 등 고마운 분이었다.

"요즘은 일이 없어? 고시원에 있는 시간이 많은 것 같아."

"예, 열심히 일하고 싶지가 않아서요."

"왜, 무슨 일 있어?"

"두 군데서 점을 봤는데, 열심히 살아도 60대까지는 희망이 없대요."

"음, 거기 사이비 점집일 거야. 내가 아는 철학원이 있는데, 거기 선생님이 상당히 유명한 분이야."

"그래요?"

"거기 가서 제대로 다시 한번 보는 게 어때?"

"네, 고맙습니다."

그렇게 말했지만 별 기대는 안 했다.

며칠 뒤 비가 내렸다. 막노동 나가는 걸 포기하고 고시원에 누워 있었다. 멀뚱히 천장만 바라보며 누워 있다가 갑자기 고시원 총무의 이야기가 떠올랐다. 어차피 비가 와서 일을 못하니 철학원에나 가 봐야겠다는 생각이 들었다.

라면으로 점심을 대충 때우고 종로에 있는 철학원으로 갔다. 인상 좋아 보이는 60대 남성이 앉아 있었다.

"사주가 그리 좋지가 않네요."

그는 내 사주를 차근차근 설명해 주었다.

"선생님, 그러면 저는 이 사주대로 살아야 하는 건가요? 노력해도 안 되는 겁니까?"

그는 잠시 생각에 잠겼다가 말했다.

"지금부터 내가 하는 말 잘 들어요."

"네, 선생님. 말씀하세요."

"사주팔자는 타고나는 게 맞아요. 사람은 태어날 때 인생의 밑그림을 가지고 세상에 태어나지요. 그런데 사주라는 건 단지 스케치와 같은 밑그림일 뿐이에요. 밑그림을 받아들이고 그대로 살면 사주대로 살게 돼요. 그러나 나의 밑그림을 그대로 받아들이지 않고 거기에 내가 원하는 대로 다르게 색칠을 할 수도 있어요. 그러니 사주는 참고만 하고 자신이 원하는 삶을 살기 위해 열심히 색칠을 해 봐요."

"내가 원하는 대로 새롭게 내 인생을 색칠하면 나쁜 사주도 좋게 바꿀 수 있다는 말씀인가요?"

"네, 그래요. 타고나는 사주는 30퍼센트예요. 나머지 70퍼센트는 내가 새롭게 칠하면서 만들어 갈 수 있어요."

"정말이죠?"

"단, 내 인생의 밑그림이 완전히 지워질 정도로 절실하고 끈질기게 내가 원하는 그림을 다시 그려야 해요."

나는 정신이 번쩍 들었다. 그래, 사주는 타고나는 거지만 내 인생의 도화지에 그려진 스케치는 무시하는 거야. 내가 원하는 그림으로 다시 색칠할 수 있어. 그래, 다시 해 보자.

그날 이후 다시 투잡, 쓰리잡을 뛰면서 열심히 살았다. 내 인생의 꿈과 목표를 정했다. 그 꿈과 목표를 작은 도화지에 정성껏 그렸다. 고시원 벽에 붙여 놓고 매일 바라보았다. 내 삶이 공평하다는 건 그저 듣기 좋은 말일 뿐이다.

하지만 당신의 노력을 막는 것은 아무것도 없다.

부족함과 약점이 당신을 더욱 부추기는 촉매가 되기도 한다.

그래서 어느 날 당신은 당신에게 주어진 부족함과 약점에

감사하게 될지도 모른다.

가 타고난, 좋지 않은 사주의 밑그림을 무시했다. 매일 내가 원하는 삶을 머릿속에 그리며 새로운 그림을 그려 나갔다.

그렇게 15년의 세월이 흘렀다. 이제 내 사주의 밑그림은 거의 다 지워졌다. 내가 새롭게 그려 나간 그림으로 바뀌었다.

나는 내가 원하는 미래를 그려 나가는 화가다. 오늘도 난 내 인생의 도화지에 내가 원하는 멋진 미래를 예쁘게 그리고 있다.

삶이라는 여백에 무엇을 그리든

그건 당신 자유다.

인생을
내가 원하는 대로 사는
간단한 방법

—

"인생을 어떻게 살아야 할까?"

40대 초반, 인생의 바닥을 경험하고 난 뒤부터 이 질문의 답을 찾기 위해 많은 날을 보냈다. 답을 얻기 위해 고전과 인문학 책을 읽기도 했고, 미로 속을 헤매듯 방황하기도 했다.

2013년에 우연히 펼친 책 한 권에서 드디어 답을 찾았다. 책의 제목은 《에픽테토스의 자유와 행복에 이르는 삶의 기술》이다. 이 책이 알려 주는 삶의 기술을 내 삶에 하나씩 가져왔다. 그 이후로 내 삶은 크게 바뀌어 갔다.

행복해졌다.

자유로워졌다.

풍요로워졌다.

책에 이런 내용이 있다.

> 세상사 가운데는 내 권한에 속하는 것이 있고, 속하지 않는 것이 있다.
>
> 내 권한에 속하는 것은 사고, 노력, 바람, 혐오 등 우리가 하는 행위다.
>
> 내 권한에 속하지 않는 것은 육식, 재산, 명예, 통치 등 우리가 하는 행위가 아닌 것들이다.
>
> 내 권한에 속하는 것은 그 본질상 아무런 방해나 제약 없이 내 마음대로 할 수 있지만, 내 권한에 속하지 않은 것은 타인의 소관이어서 허황되고, 예속적이고, 제약이 따른다.

이 문장들에 '인생을 어떻게 살아야 할까?'에 대한 답이 있다. 답은 명확했다. 에픽테토스는 이런 가르침을 주었다.

첫째, 내가 어떻게 할 수 있는 것과 없는 것을 구분하라.

둘째, 내가 어떻게 할 수 없는 것은 무시하라.

셋째, 내가 어떻게 할 수 있는 것에 집중하라.

이렇게 살아간다면,

내가 원하는 것들을 얻을 수 있다.

내 삶을 능동적으로 살 수 있다.

내 삶의 주인으로 살아갈 수 있다.

자유와 행복을 만끽하며 살 수 있다.

부동산 재테크 상담을 청하는 고객과 이야기를 나눌 때면 대체로 부정적인 이야기가 먼저 나온다.

"그때 그 아파트에 투자했어야 했는데……."

"그때 그걸 미리 팔았어야 했는데……."

이미 지나간 과거의 실패와 실수, 행하지 못한 일들에 대한 후회에 사로잡혀 있다. 분명한 사실은 지나간 과거는 내가 어떻게 할 수 없다는 점이다.

이런 이야기도 자주 나온다.

"투자했는데, 가격이 떨어지면 어떡하죠?"

우리는 아직 찾아오지 않은 불안과 걱정을 미리 당겨서 쓴다.

그런다고 미래의 불안과 걱정이 줄어드는 것도 아닌데 말이다.

"상가를 샀는데 공실이 생기면 어떡해요?"

"재개발 물건에 투자했는데, 진행이 안 되면 낭패잖아요."

아직 오지 않은 미래에 대한 막연한 걱정과 두려움에 사로잡혀 있다. 명확한 건, 미래는 내가 어떻게 할 수는 없다는 사실이다.

우리는 이미 지나간 과거를 후회하고, 오지 않은 미래를 걱정하면서 살아간다. 그래서 오늘 주어진 소중한 하루를 제대로 살지 못한다. 내가 1년 뒤에 무엇이 되어 있을지 알 수 없다. 하지만 분명한 것이 있다. 지금 내가 하고 있는 일들이 1년 뒤의 나를 만든다는 사실이다. 1년 뒤를 위해 오늘 하루를 충실히 살아가야 한다. 미래의 나는 오늘 내가 실천한 것들의 합이다.

내 삶을 자유롭고 행복하게 만드는 방법이 있다. 아주 간단하니까, 같이 해 보시기를.

일단 준비할 게 있다. 종이 한 장과 연필 한 자루.

첫째, 종이를 반으로 접는다.

둘째, 왼쪽에는 '내가 어떻게 할 수 없는 것'을 쓰고, 오른쪽에는 '내가 어떻게 할 수 있는 것'을 쓰자.

셋째, 왼쪽 것은 무시하고, 오른쪽에 집중하며 살자.

이게 전부다.

과거와 미래는 나에게 속해 있지 않다. 내 통제권 밖에 있는 것들이어서 내가 어떻게 할 수도 없다. 내가 할 수 있는 것은 오로지 현재뿐이다.

나에게 주어진 오늘 하루는 선물이다.

내 삶에
기적을 가져오는
간단한 공식

—

막노동을 하며
기적을 꿈꾸다

기적의 사전적 의미는 '상식으로 생각할
수 없는 기이한 일'이다.

마흔 즈음 영등포에 있는 허름한 고시원
에 살았다. 그해 겨울은 유난히 추웠다. 새벽
4시, 지친 몸을 이끌고 영등포의 인력 시장으
로 나갔다. 차가운 유리에 맨살을 베이는 듯
바람이 차고 매서웠다.

인력 사무실에 도착해서 믹스 커피를 한
잔 마셨다. 사무실 구석에 앉아서 20분 정도

기다렸을 때 소장이 소리쳤다.

"홍제동 아파트 인테리어 보조 7만 원. 갈 사람 있어요?"

"저, 제가 갈게요."

서대문구 홍제동에 있는 아파트에 도착했다. 문을 열고 들어가니 큰 현관 입구가 보였다. 현관 입구 공간만 해도 내가 사는 고시원보다 10배는 커 보였다. 거실은 축구장만 했다. 여기 사는 사람은 참 행복하겠다는 생각이 들었다. 죽기 전에 이런 데서 살 수 있는 기적이 일어날까?

그로부터 15년이 지난 지금, 나는 그 집보다 더 큰 집에 살고 있다.

내 삶에 기적을 만드는
공식을 발견하다

사채 빚을 갚기 위해 수많은 시도를 했다. 그 과정에서 실수와 실패를 수없이 경험했다.

신림동의 공인중개사 사무실에서 중개 보조원으로 일할 때였다. 월급 없이 계약 건당 수수료만 받았다. 나름 열심히 일했지만, 한 달 수입은 100만 원 정도였다.

　관악구 중개사 모임에서 한 젊은이를 만났다. 그는 블로그에 홍보 글을 꾸준히 올리는 방식으로 영업했고, 매달 1천만~2천만 원의 큰돈을 벌고 있었다. 그를 자주 만나면서 나도 할 수 있겠다는 생각이 들었다.

　그를 똑같이 따라 했다. 매일 꾸준히 블로그에 부동산 물건을 홍보하는 글을 올렸다. 그렇게 3개월이 지나자, 고객이 점점 늘어났다. 블로그에 관한 책도 보고 학원도 다니면서 실력을 쌓았다. 그렇게 1년이 지나자 혼자서 감당하기 힘들 만큼 많은 고객을 확보했다. 나도 매달 1천만 원 이상의 돈을 벌고 있었다.

　그때 알았다. 내 삶에 기적을 만드는 공식을. 그 공식은 다음과 같다.

　　기적 = 흔들리지 않는 나에 대한 믿음 + 매일 1퍼센트씩만 더하는 끊임없는 노력

　이 공식을 통해 내 삶에 크고 작은 기적을 만들었고, 지금도 진행 중이다. 조금 더 부연 설명을 하겠다.

첫째, 흔들리지 않는 나에 대한 믿음

어머니는 한 달에 한 번 꼭 절에 가신다. 절에서 합장하고 탑돌이를 하신다. 다리가 불편하신데도, 기력이 없으신데도 한참 동안 탑돌이를 하신다.

"엄마, 힘들지 않으세요?"

"아니, 하나도 안 힘들어. 오히려 힘이 생겨나."

평소에는 10분도 걷기 힘들어하시면서 탑돌이를 할 때는 30분을 걸어도 힘들지 않으시단다.

어머니는 탑돌이를 하면서 기도한다. 어머니 뒤를 따라 돌면서 어떤 기도를 하는지 들어 보았다.

"우리 아들, 꼭 부자 되게 해 주세요."

"우리 아들, 꼭 건강하게 해 주세요."

엄마는 탑돌이를 하면서 기도하면 꼭 이루어질 거라는 믿음을 갖고 계신다.

당신도 탑돌이를 해 보라. '흔들리지 않는 나에 대한 믿음'을 갖고 탑을 돌자. 자식에 대한 간절한 사랑을 담아 염원하는 우리의 어머니들처럼.

둘째, 매일 1퍼센트씩만 더하는 끊임없는 노력

멋진 근육질의 몸매를 만드는 방법은 비교적 단순하다.

우리가 지레 포기하고 마는 것은

그것을 계속했을 때 어떤 성과를 얻을 것이라는

확신이 없기 때문이다.

하지만 지금 무엇이든 시작한다면,

1년 뒤에 당신은 아무것도 하지 않은 당신보다

나은 곳에 있을 것이다.

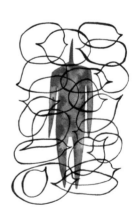

2020년에 내 몸이 변화해 가는 과정을 유튜브를 통해 보여 준 적이 있다. 우람하고 멋진 근육질 몸을 만들려면 어떻게 해야 할까?

매일 꾸준히, 어제 들었던 바벨의 무게에 1퍼센트씩만 더하면 된다. 똑같은 무게를 드는 것으로는 근육을 키우는 데 한계가 있다. 무게도, 반복 횟수도 조금씩 늘려 가야 한다. 그렇게 매일 조금씩 무게와 횟수를 늘리면 내 몸에 변화가 생긴다. 빈약하고 불뚝 배가 나온 몸도 1년이면 충분히 멋진 몸으로 거듭난다.

다른 일에도 똑같이 적용할 수 있다. 예를 들어 책을 내고 싶다면 어떻게 해야 할까? 얼마 전 한 작가의 블로그에서 그 답을 찾았다.

'매일 저녁 8시부터 10시는 무조건 독서하고 글을 쓰는 시간이다.'

나도 쓸 만한 글감을 찾고 편집하고 독자들에게 전하고자 하는 메시지를 고려하며 글을 썼다. 아무리 글쓰기 습관이 들었다 해도 매일 꾸준히 글감을 찾아 쓴다는 건 결코 쉽지 않은 일이다. 솔직히 압박감도 들었다. '글은 머리로 쓰는 게 아니라 엉덩이로 쓴다'라는 말처럼, 글 한 편을 다 쓸 때까지는 의자에서 일어나지 않았다.

매일 딱
한 걸음씩만 더

　매해 연초가 되면 무언가 결심을 하게 된다. 하지만 대부분 작심삼일로 끝나고 만다. 왜 그럴까? 나에 대한 확신이 없기 때문이다.

　"내가 정말 이 일을 해낼 수 있을까?"

　"너무 무모한 계획을 세웠나?"

　"몇 달째 노력 중인데도 별 변화가 없네."

　이런 생각은 나에 대한 믿음이 부족하기 때문에 생긴다.

　나는 작은 우주다.

　세상에서 하나밖에 없는 유일한 존재다.

　스스로의 힘을 믿고 매일 딱 한 걸음씩만 더 걸어가자.

　기적의 공식을 가슴에 새기고서.

　그러면 어느 순간 내 삶에 기적이 찾아온다.

턱걸이 꼴찌 인생은
어떻게 100억대
부자가 되었나?

—

78명 중에 61등

63명 중에 52등

61명 중에 50등

학창 시절의 내 등수다.

나는 루저looser였다. 학창 시절에 끝날 줄 알았던 내 루저 인생은 참으로 길게 이어졌다. 40대 중반까지도 나는 루저의 삶을 살았다. 초등학교, 중학교, 고등학교 시절 성적은 항상 하위권이었다. 차라리 공부를 안 했다면 그러려니 할 텐데, 나름 열심히 했다. 그런데도 결과는 항상 하위권이었다.

왜 나는 열심히 공부하는데도 항상 하위권에서 못 벗어날까? 내내 이런 생각을 했다. 부모님은 내가 대학에 갈 거라는 기대를 거의 하지 않았다. 내가 대학에 진학할 당시에는 아무리 눈높이를 낮추어도 대학에 못 가는 학생이 제법 많았기 때문이다. 대학교 전체의 정원보다 학생 수가 훨씬 많은 시절이었다.

그런데 기적이 일어났다. 1986년 대입 시험에서 1지망은 떨어졌지만, 2지망으로 지원한 전기공학과 야간에 합격했다. 나중에야 간신히 턱걸이로 붙었다는 걸 알았다.

정말 억세게 운 좋게 대학에 들어갔다. 야간이지만 열심히 공부해서 상위권에 진입하겠노라고 굳게 마음을 먹었다. 강의 시간에 제일 앞자리에 앉았다. 열심히 듣고 필기했다.

드디어 중간고사. 모든 과목이 C학점 아니면 D학점이었다. 나는 해도 안 되는 루저라는 걸 다시 한번 확인했다.

대학 4학년 1학기였다. 내 학점으로 대기업 입사는 불가능했다. 그래서 학점을 보지 않고 공채 시험으로 들어갈 수 있는 직장을 알아보았다. 부모님은 내가 한국전력에 들어가기를 원하셨다. 4학년에 올라가면서 학과 공부는 포기했다.

새벽 5시에 도서관에 가서 문을 닫는 11시까지 필사적으로 공부했다. 그렇게 꼬박 1년을 매달렸다.

한국전력 공채 시험을 치렀다. 어느 누구도 내가 합격할 것이라고는 기대하지 않았다. 당연히 나 역시 기대하지 않았다. 그런데…… 합격이었다. 다들 기적이라고 했다. 입사 후에 알았다. 내가 꼴찌로 턱걸이를 했다는 사실을. 당시 우리나라의 산업이 빠르게 발전하면서 한국전력은 역대 가장 많은 수의 신입 사원을 뽑았다. 그 혜택을 톡톡히 본 것이다.

입사 후 6개월 넘게 신입 사원 교육을 받았다. 발전소에 배치되기 전에 실무 교육을 받는 것이었다. 주중에는 교육을 받고 매주 토요일에 평가 시험을 치렀다. 비록 꼴찌로 입사했지만, 열심히 해서 중간 이상이 되고 싶었다. 예습과 복습을 철저히 했다. 같은 방을 쓴 룸메이트는 공부를 거의 안 했다. 토요일 아침에 일어나 노트에 필기한 것을 대충 훑어 보고 시험을 봤다. 그런데도 그는 항상 상위권이었다. 룸메이트보다 10배 이상 노력한 나는 여전히 하위권이었다.

10년 동안 직장 생활을 하는 사이 입사 동기들은 대부분 과장으로 승진했다. 나는 호봉만 높은 평사원으로 남았다. 초등학교 때부터 직장인이 되어서까지 똑같았다. 턱걸이 인생, 루저로서의 삶……. 죽을 때까지 루저로 살다가 끝날 거라는 생각이 들었다. 슬픈 예감은 틀린 적이 없다더니, 직장을 나와 사업을 시작해서 모든 것을 잃었다.

그런데 40대 초반부터 약간의 빛이 보이기 시작했다. 인생의 바닥을 찍은 나는 살기 위해 다양한 일을 했다. 그러다가 부동산 일을 시작했고, 블로그에 홍보 글을 올리면서 영업을 했다. 내가 할 수 있는 것은 꾸준한 노력뿐이었다. 가진 능력이 별로 없어서 매일 글을 올리며 양으로 승부했다. 그렇게 1년이 지나고 2년이 지나자, 작은 기적이 생겨나기 시작했다. 내 블로그의 글을 본 고객들이 찾아왔다. 실적이 높아지자 다양한 곳에서 러브콜이 왔고, 경제적 어려움에서 벗어날 수 있었다.

2018년부터는 유튜브를 시작했다. 주중에 매일 영상을 올렸다. 내가 아는 한 유튜버에게는 별다른 능력이 필요하지 않다. 매일 꾸준하게 영상을 올리는 것이 중요하다. 현재 내 유튜브 구독자는 60만 명이 넘는다. 유튜브는 내게 수많은 선물을 안겨 주었다.

매일 독서를 했다. 읽기의 완성은 쓰기다. 매일 글을 읽고, 매일 글을 썼다. 그 글을 모아서 책을 내고 작가가 되었다. 책은 최고의 퍼스널 브랜딩 도구다. 책을 펴내고 난 뒤에 여러 곳에서 나를 찾았다.

40대 초반까지 루저로 살았던 나에게 어떻게 이런 변화가 찾아온 것일까?

이전과 달라진 것은 없었다. 딱 한 가지. 나의 유일한 무기인 꾸준함이 빛을 발한 것이다. 매일 읽고, 매일 블로그에 글을 올리고, 매일 유튜브에 영상을 올리고, 매일 배움을 위해 노력했다. 남들보다 느렸지만 포기하지 않았다.

《그릿GRIT》이라는 세계적인 베스트셀러가 있다. 이 책은 IQ와 재능, 환경을 뛰어넘는 것이 무엇인지에 대해 말한다. 그게 뭘까? 바로 '열정적 끈기의 힘'이다. 나는 IQ가 낮고 재능도 없으며 환경도 보잘것없다. 이런 나를 여기까지 끌고 온 것은 끈기였다. 가진 능력과 재능과 환경이 없었기에 끈기만이라도 있어야 했다. 그래야만 최소한의 삶을 살 수 있었다. 지금도 나는 끈기 하나만 믿고 묵묵히 나아가고 있다.

"신은 나에게 왜 이처럼 큰 시련을 주는가?"

나는 어렸을 적부터 40대까지 이런 원망을 하면서 살았다. 신이 미웠다. 아니, 신을 믿지 않았다. 그런데 40대 중반에 알게 되었다. 신이 나에게 왜 그런 시련을 주었는지를. 그 답을 맹자의 〈고자장告子章〉에 실린 글에서 찾았다.

지금 힘들다면, 하는 것마다 실패한다면, 모든 걸 다 포기하고 싶다면, 그건 당신에게 신이 주신 선물이다. 세상을 원망하고 자신을 포기하기 전에, 다음의 글을 눈이 아닌 마음으로 읽고 가슴에 새겨 보자.

하늘이 장차 그 사람에게 큰일을 맡기려고 하면,
반드시 먼저 그 마음과 뜻을 괴롭게 하고,
근육과 뼈를 깎는 고통을 주고,
몸을 굶주리게 하고,
생활을 빈곤에 빠뜨리고,
하는 일마다 어지럽게 한다.
그 이유는 마음을 흔들어 참을성을 기르게 하기 위함이며,
지금까지 할 수 없었던 일을 할 수 있게 하기 위함이다.

보잘것없어 보이는 나의 한 걸음이

나를 어디로 데려다줄지 기다려 보는 삶이란,

참으로 설레지 않은가.

유튜브 구독자
60만 명을
만드는 방법

—

많은 사람이 탁월한 존재가 되고 싶어 한다. 그런데 어떻게 해야 탁월한 존재가 될 수 있을까?

서점에 가면 가장 눈에 띄는 장르의 책이 자기계발서다. 가장 많이 팔리는 분야의 책이기도 하다. 수천, 수만 권의 자기 계발서에는 수많은 성공의 법칙이 담겨 있다. 성공하기 위해 자기계발서를 탐독하는 독자가 많다. 그런데 왜 나는 성공하지 못할까? 그 이유는 실천하지 않기 때문이다. 왜 실천하지 못할까? 왜 행동으로 이어지지 않고, 설령 행동한다 해도 꾸준히 하지 못할까? 그 이유는 확신이 없기 때문이다.

'북한산 정상에 1년 동안 매일 다녀오면, 죽는 날까지 매달 1,000만 원을 주겠습니다.'

만약 국가에서 이런 보장을 해 준다면 당신은 힘들지만 해낼 것이다. 왜냐하면 확신할 수 있으니까. 이렇게 했을 때 이런 것이 주어진다는 보장과 확신이 없기 때문에 무언가에 도전하기를 주저한다.

나는 60만 구독자가 있는 유튜버다. 지금부터 구독자 60만 명을 만드는 비법을 공개하겠다. 그 비법의 요결은 '지행용훈평知行用訓评'이라는 다섯 글자에 있다. 단언컨대 지행용훈평을 꾸준히 실천하면 당신도 해낼 수 있다. 확신이 서지 않아서라는 핑계는 뒤로하고 당장 시작하자.

첫째, 지知

'한 분야에 대해서 얼마나 많이 아느냐?' 하는 문제다. 나는 유튜브를 시작하기 전에 그와 관련된 책과 강의, 영상을 미친 듯이 파고들었다. 거의 3개월간 하루 7~8시간을 몰입해서 공부했다.

알고, 행하며, 써먹고, 가르쳐라.

그리고 타인의 평가를 두려워 말라.

무슨 일이든 이렇게만 하면 전문가가 될 것이다.

하지만 많은 사람이 행하는 단계에서 멈추고 만다.

그러니 일단 당장 시작하라.

둘째, 행行

'아는 대로 잘 행하는가?'이다. 공부를 통해 습득한 지식으로 유튜브 계정을 만들고 시작했다. 중요한 것은 '지'를 통해 알게 된 것을 꾸준히 실천하는 것이다. 여러 채널을 통해 얻게 된 지식은 이 과정을 통해 비로소 내 것이 된다.

셋째, 용用

'자유자재로 사용할 줄 아는가?'이다. 나는 수많은 시행착오를 겪으면서 잘할 때까지 꾸준히 계속했다. 콘텐츠 기획, 스토리 구성, 말하기, 촬영, 편집, 조명, 카메라 등등 처음에는 모든 것이 완전 엉터리였다. 그러나 끊임없이 노력했다.

모든 일은 처음이 가장 어렵다. 운전을 배울 때를 생각해 보라. 정말 무섭고 긴장된다. 그런데 숙달되면 운전하면서 스피커폰으로 전화도 하고, 음악도 듣고, 옆에 앉은 사람과 이야기도 하고, 음식을 먹을 수 있을 정도로 숙달된다. 유튜브도 마찬가지다.

넷째, 훈訓

'내가 아는 걸 잘 가르칠 수 있는가?'이다. 나는 내 경험과 지식을 온·오프라인으로 공유했다. '내가 아는 것'과 '아는 것을 전달하는 것'은 완전히 다른 차원의 일이다. 가르치면서 나에게 부족한 부분을 정확히 알게 되었다.

'최고의 배움은 가르침이다'라는 말이 있다. 백번 지당한 말이다. 해 보면 안다. '훈'을 통해 나의 지식이 더욱 강화된다.

다섯째, 평评

'나를 끊임없이 평가하여 개선해 가는가?'이다. 나는 온·오프라인에서 지속적으로 평가를 받았다. 내 성격상 타인의 평가를 수용한다는 건 참 힘든 일이다. 심지가 굳지 못해서 쉽게 상처받기 때문이다. 그렇지만 견뎌 내야 했다. 피드백을 통해서 부족한 부분을 끊임없이 고쳐 나갔다.

이 과정을 한 번만 해내도 당신은 준전문가가 될 수 있다. 준전문가를 넘어 '탁월한 존재'가 되고자 한다면 지행용훈평의 과정을 두 번, 세 번 반복하면 된다. 그 시간이 쌓여 당신은 '탁월한 존재'가 된다.

지행용훈평知行用訓评

이미 수많은 사람이 이 방법을 통해 성공했다. 이제 당신 차례다. 주저하지 말자. 인생은 길지 않다. 지금 바로 시작하자.

내가 오늘 찍은
하나의 점이
1년 뒤에는 선이 된다

—

10년 전쯤 블로그 마케팅 교육을 한 적이 있다. 총 8주 과정이었다. 수강생들에게 특히 강조한 것이 있다.

"딱 1년만 1일 1포스팅을 해 보세요. 많은 걸 얻게 될 거예요."

'1일 1포스팅'이란 블로그에 매일 글 한 편씩 올리는 걸 말한다. 쉬운 일은 아니지만 조금만 노력하면 얼마든지 할 수 있다.

그런데 수년 동안 블로그 강의를 하면서 알게 된 사실이 있다. 1년 동안 1일 1포스팅을 꾸준히 하는 사람이 채 1퍼센트도 안 된다는 것이다. 100명 수강하면 1명 정도가 해낸다.

블로그 활동을 꾸준히 하면 좋은 결과가 나타난다는 걸 수강생들도 잘 알고 있다. 그런데 놀랍게도 중도에 포기하는 사람이 99퍼센트다.

나는 지금 블로그도 하고, 유튜브도 하고, 밴드와 인스타그램 등 다양한 SNS 활동을 하고 있다. 유튜브를 한 지는 4년 정도 되었다. 많은 분이 부러워한다.

"우와, 구독자가 거의 60만 명이네요. 너무 부럽습니다."

유튜브를 처음 시작할 때가 생각난다. 주중에는 거의 매일 영상을 찍어 올렸다. 중도에 포기한 적도 몇 번 있었다. 그러나 다시 도전했다. 이제는 일상이 되었다. 그리고 그로 인해 내가 가진 능력에 비해 많은 것을 성취했고, 또 이루어 가고 있다.

지금 나는 블로그에 글을 쓰고 있다. 글 솜씨가 뛰어난 편이 아니어서 블로그 포스팅은 나에게 어려운 숙제다. 하지만 2021년 9월에 들어서면서 개인적인 목표를 세웠다. 1일 1포스팅! 한동안 일에 치여 사느라 손 놓고 있었던 블로그를 다시 시작했다. 유튜브처럼 매일 한 편의 글을 올리려고 한다.

내가 왜 힘들고 어려운 블로그 포스팅을 매일 하려고 할까? 당장 큰 효과가 나오는 것도 아닌데 말이다. 하지만 난 알고 있다. 하나의 포스팅은 힘이 약하지만, 1년, 2년, 3년이 쌓이면 큰 힘을 발휘한다는 사실을. 나는 부동산 일을 시작하면서 이미 그 효과를 실감했다.

오늘 내가 한 일은 하나의 점이다. 그 점의 가치는 미미하다. 그러나 그 점을 계속해서 찍어 나가면 언젠가는 선이 된다. 선으로 삼각형도 만들고 사각형도 만들도 원도 그릴 수 있다. 내가 원하는 것을 그려 나갈 수 있다.

다만 점을 찍을 때 주의해야 할 것이 있다. 여기저기 아무렇게나 찍으면 안 된다. 선을 이룰 때까지 한 방향으로 꾸준히 찍어야 한다.

30대 후반에 직장을 나와서 이것저것 참 많은 일을 했다. 앞서 말한 대로 여기저기 아무 데나 점을 찍고 다녔다. 우왕좌왕했을 뿐 전략적인 노력을 하지 못했던 것이다. 만약 그때 한 방향으로 점을 잘 찍었다면, 조금 더 빨리 좋은 결과를 만들었을 것이다.

40대 중반이 되어서야 방향을 찾았다. 내가 그려야 할 선을 발견했다. 지금 나는 매일매일 그 선을 따라 점을 찍어가고 있다. 내가 원하는 선이 될 때까지 계속 점을 찍을 것이다.

성경에 이런 구절이 있다.

'네 시작은 미약하였으나 네 나중은 심히 창대하리라.'

나는 이 표현을 이렇게 바꾸고 싶다.

'하나의 점은 미약하지만, 점이 모인 선은 창대하리라.'

지금 무엇을 하고 있는가? 그게 무엇이든 당장은 미미할 수 있다. 구체적인 성과도 나오지 않고, 확신도 서지 않을 것이다. 그래서 포기할 텐가? 그만둘 텐가?

분명한 사실은 당신이 포기하지 않는 한 매일 하나의 점을 찍을 수 있다는 것이다. 그 점이 비로소 선이 되었을 때 당신은 한꺼번에 지난 시간을 보상받을 것이다.

내가 만든 교육 동영상 플랫폼 〈인클〉에는 각 분야의 전문가들이 모여 있다. 이들 전문가의 공통점이 무엇일까? 그것은 전문가가 될 때까지 꾸준히 매일 점을 찍어 왔다는 것이다. 지금 어떤 점을 찍어야 할지, 어떤 선을 좇아야 할지 모르겠다면 나의 결에 맞는, 나의 꿈에 맞는, 나의 목표에 맞는 전문가를 만나는 것도 좋은 방법이다. 그들이 제시하는 선을 보고 매일 점을 하나씩 찍어 가다 보면 머지않아 당신도 남들이 부러워하는 위치에 있을 것이다.

열심히 살았는데,
왜 내 인생은
바뀌지 않는가?

—

'왜 내 인생은 바뀌지 않는가?'

'나름 열심히 살았는데, 왜 나에게는 집 한 채 없는가?'

우리는 살아가는 동안 무수히 많은 일을 한다. 사회생활을 시작하면서부터는 매일 반복적으로 해야 할 일들이 점점 늘어난다. 그리고 직장에 다니든, 자영업을 하든 자신의 업에 종사하는 동안에는 온전히 거기에 집중해야 한다. 그래야만 생계를 유지할 수 있다. 그런데 문제가 있다. 먹고사는 일에만 집중해서는 미래가 보장되지 않는다는 점이다.

오늘날 대부분의 직장은 정년을 책임지지 않는다. 장사는 어떤가? 자영업을 해서 대박을 치는 비율은 극도로 낮다. 통계적으로 직장인의 평균 은퇴 연령은 50살이다. 우리는 100세 시대를 살고 있다. 25살에 취업해서 50살까지 직장에 다닌다면, 25년 동안 벌어들인 소득으로 50년을 살아야 한다. 정년퇴직을 한다 해도 퇴직금만으로는 노후를 설계할 수 없다. 60살 이후에 아무런 소득 없이 어떻게 남은 40년을 버틸 것인가? 때문에 직장에 다니면서 40~50년을 풍요롭게 보낼 준비를 해야 한다.

그런데 직장인들 대부분이 이렇게 말한다.
"시간이 없어서요."
과연 그럴까? 직장인의 삶을 들여다보면서 숨어 있는 시간을 찾아보자.

- 출퇴근 시간 : 1~2시간
- 주말 및 공휴일 : 일주일에 2일 이상
- 월차 및 휴가 : 매달 1일 이상
- 출근 전 새벽 시간과 퇴근 후 저녁 시간 : 하루 3~5시간

• 점심시간 및 자투리 시간 : 하루 1~3시간

이처럼 숨어 있는 시간을 모두 모으면 1년의 절반 이상을 나만의 시간으로 확보할 수 있다. 이렇게 확보한 시간에 무엇을 해야 할까?

이 시간은 미래를 준비할 수 있을 만큼 충분하다. 이 시간을 어디에 쓰느냐에 따라 나의 미래가 결정된다. TV나 스마트폰 보기, 늦잠 자기, 술 마시기, 각종 유흥 즐기기 등 끌리는 일들은 너무나 많다. 하지만 이러한 것들은 삶에 그리 도움이 되지 않는다. 나의 미래를 꽃피우기 위해 이 시간들을 아껴 써야 한다. 그럼 어떻게 쓰는 것이 가장 현명할까?

러시아의 대문호 도스토옙스키는 말했다.

'한 인간의 존재를 결정짓는 것은 그가 읽은 책이다.'

그렇다. 우리는 책을 통해서 내가 원하는 미래를 조각해 갈 수 있다. 나의 미래를 밝게 만들 첫 번째 투자는 '독서'다.

'아는 만큼 보인다'는 말이 있다. 누구나 자신이 아는 만큼 세상을 가질 수 있다는 뜻이다. 무언가를 알기 위한 가장 좋은 방법은 그것을 경험하는 것이다. 그러나 우리의 인생은 그리 길지 않다. 직접 몸으로 부딪치면서 세상의 지식을 내

시간은

미래다.

내가 시간을

헛되이

보낼 때마다

미래가

조금씩

지워진다.

것으로 취하기에는 한계가 있다. 하지만 10배, 100배, 1,000배 빨리 세상의 지식을 흡수할 수 있는 방법이 있다. 그것이 바로 독서다.

한 권의 책에는 저자가 축적한 평생의 지식과 노하우가 담겨 있다. 우리는 그 놀라운 비밀을 1만~2만 원 정도를 지불해서 내 것으로 만들 수 있다. 저자가 평생을 거쳐 알게 된 지식과 깨달음을 내 것으로 흡수할 수 있다. 100권, 1,000권을 내 것으로 흡수한다면, 그것은 곧 100명, 1,000명의 삶을 내 안으로 가져오는 일이다. 이렇게 축적한 지식과 경험을 필요할 때마다 꺼내서 쓰면 된다.

전설적인 투자의 귀재 워런 버핏은 말했다.

'당신의 인생을 가장 짧은 시간에 가장 위대하게 바꾸어 줄 방법은 무엇인가? 독서보다 더 좋은 방법을 찾을 수는 없을 것이다.'

오늘 내 인생을 위대하게 바꾸어 줄 책 한 권을 만나 보자. 그 만남을 한 달, 1년, 10년으로 이어가 보자. 그러면 당신도 언젠가는 위대한 삶을 살아가고 있을 것이다.

안타깝게도 나는 이 진실을 40살이 넘어서야 알았다. 내 인생에서 가장 큰 후회는 '독서를 내 삶에 조금 더 일찍 가져오지 못한 것'이다.

평범했던 나,
지하철 출퇴근길에
기적을 만들다

—

이른 아침 지하철에서 본
낯선 장면

새벽 5시, 집을 나선다. 자동차로 회사까지는 35분 정도 걸린다. 차 안에서 다양한 인문 강연을 듣는다. 퇴근 시각은 8시 30분. 집까지 40분 거리다. 퇴근 시간에도 유튜브로 세상의 다양한 지혜를 듣는다.

5년 전까지만 해도 차는 주말에만 이용하고 지하철을 타고 다녔다. 2010년까지 출퇴근할 때 나에게 지하철을 탄다는 것은 세 가지 의미가 있었다.

첫째, 잠을 잔다. 둘째, 게임을 한다. 셋째, 인터넷 서핑을 한다.

출퇴근 시간, 지하철에서 무의미한 시간을 보냈다.

2010년 12월이었다. 내 삶에 큰 변화가 찾아왔다. 그날 회사에 일찍 가야 할 일이 있어서 일찌감치 집을 나섰다. 서둘러서 지하철역에 도착해 보니 6시였다. 이른 시간인데도 많은 사람이 지하철을 기다리고 있었다. 오래지 않아 지하철이 도착했다. 잠깐 눈을 붙일 시간이었다.

지하철에 자리를 잡고 무릎에 가방을 올린 뒤 편안한 자세를 취했다. 눈을 붙이려는데, 건너편 40대로 보이는 남자가 눈에 들어왔다. 그는 책을 읽고 있었다. 책을 읽다가 생각에 잠기더니 노트에 무언가를 적었다. 그 남자는 주변의 시선에는 전혀 신경 쓰지 않고 독서와 생각, 메모에 집중했다. 잠을 청하려 눈을 감았지만 잠이 오지 않았다. 다시 눈을 떴다. 여전히 건너편의 남자가 보였다. 그는 아직도 책에 몰입해 있었다. 무언가를 생각하고 열심히 메모를 했다. 그에게 묻고 싶었다.

"무슨 책을 그렇게 열심히 읽으세요?"

"무슨 생각을 하고, 무엇을 적고 있나요?"

내가 내릴 때까지도 그는 그렇게 읽고 생각하고 쓰기를
멈추지 않았다.

지하철에서의 작은 습관이
나에게 기적을

사무실에 도착해서 잠시 나를 되돌아보았다. 한 걸음도
앞으로 나아가지 못하고 제자리를 맴돌고 있는 나를 발견했
다. 시계추처럼 똑같은 일상을 반복하며 늘 그 자리에 멈추어
있는 나를. 지하철에서 열심히 무언가를 읽고 생각하고 쓰던
그 남자와 나를 비교하자, 몹시 부끄러웠다. 나도 그 남자처
럼 출퇴근 시간에 책을 읽고 사색을 하면 어떨까?

그날 이후 그 남자를 똑같이 따라 했다. 지하철을 탄다는
의미가 완전히 바뀌었다.

첫째, 책을 읽는다. 둘째, 명상(사색)을 한다. 셋째, 글쓰기
를 한다.

그리고 가방에 꼭 챙기고 다니는 필수품이 생겼다. 책과

노트, 볼펜.

지하철을 타면 꼭 책을 읽었다. 읽다가 사색에 잠겼다. 사색을 통해 느낀 것을 글로 옮겼다. 3년을 그렇게 했다. 그 기간이 모여서 파워 블로거가 되었다. 블로그의 글을 모아서 책으로 냈다. 블로그와 책을 본 많은 곳에서 연락이 왔다. 메모한 것들을 통해 수많은 사업 아이디어를 찾았다. 단지 지하철을 탄다는 의미를 바꾼 것뿐인데, 평범했던 내 삶에 기적들이 찾아왔다.

일상에서 작은 기적을
만나 보세요

누구나 매일 반복하는 일상이 있다. 지하철, 버스, 자동차 출퇴근, 점심시간, 저녁시간 그리고 토요일과 일요일……. 이처럼 반복적으로 생기는 루틴에 어떤 의미를 부여하느냐에 따라 삶이 달라진다. 이 모든 것은 내가 자율적으로 결정할 수 있다. 그 결정이 나의 미래를 바꾼다.

하루는 미미하지만 하루하루가 쌓여서 엄청난 변화를 만들어 낸다. 오늘 하루 나의 루틴을 찾고, 거기에 자신만의 의미를 부여해 보자. 그리고 꾸준히 의미 있는 시간을 쌓아 가자. 그럼 멀지 않은 날 당신의 삶에 작은 기석들이 하나둘 찾아올 것이다.

삶이 쉽기를 바라지 말고, 자신이 더 강한 사람이 되기를 바라라.

당신이 할 수 있는 정도의 일이 주어지기를 바라지 말고, 그 일을 할 수 있는 능력이 생기기를 바라라.

그렇게 되면 당신이 하는 일이 기적이 되는 것이 아니라, 당신 자신이 기적이 될 것이다.

_필립 브룩스Phillips Brooks

쉴 때는 확실히 쉬어라.

어정쩡한 휴식은 오히려 우리의 몸과 마음을 혹사시킨다.

Chapter 2

내 인생
최고의
파트너는
바로 나!

어떻게
내 안에 숨은
힘을
꺼낼 것인가?

직장 내
왕따,
인기 스타가 되다

—

2021년 가을이었다. 30대 중반의 남성이 방문했다.

키는 160센티미터 정도, 배가 많이 나와 있었다. M자형 탈모가 상당히 많이 진행되어서 실제 나이보다 더 들어 보였다. 목소리도 가늘고 거칠어서 듣기에 불편했다. 상담하는 내내 나와 눈을 맞추지 못하는 것으로 보아 타인과 소통을 잘 못하는 내성적인 성격인 것 같았다. 솔직히 첫인상이 그리 좋을 수 없었다. 나를 찾아오기까지 얼마나 많이 고민하고 갈등했을까 생각하니 마음이 짠했다. 한편으로는 그의 용기에 박수를 보내고 응원했다.

그에게 외모와 성격, 말투는 넘기 힘든 장애였다. 직장 내에서 심하게 왕따를 당하기도 했다. 결국 견디지 못하고 5년 전 첫 직장에서 이직을 했다. 이직해서 옮긴 지금의 직장에서도 외모와 성격 때문에 무시당하기 일쑤였다. 우울증이 심해져서 신경정신과에 다녔다. 그러나 좀처럼 나아지지 않았다. 우울증의 원인이 사라지지 않는 한 치유는 요원했다. 그의 왕따 인생은 학창 시절부터 직장인이 된 지금까지 수십 년 동안 이어져 왔다.

그런데 그의 기나긴 왕따 인생에 반전이 일어났다. 직장에서 그를 대하는 태도가 달라졌다. 따돌림을 일삼던 직장 선후배와 동료들도 대우가 바뀌었다. 무언가 일을 맡길 때면 정중하게 부탁하고, 심지어 친해지고 싶어 하는 이들도 생겨났다. 그를 무시했던 팀장도 그를 존중하고 의지하게 되었다. 지금 그는 직장에서 완전 '인싸'다. 우울증도 싹 사라졌다. 무슨 일이 있었던 걸까? 그가 자초지종을 들려주었다.

그에게는 취미이자 특기가 있었다. 글쓰기와 엑셀·파워포인트 활용 능력이다. 2년 전부터 그는 꾸준히 블로그에 글을 올렸다. 주제는 두 가지. 에세이와 엑셀·파워포인트 활용

법이었다.

"중요한 발표를 앞두고 있는 직장 동료가 우연히 제 블로그를 본 거예요."

"어떤 발표였는데요?"

"큰 계약이 걸린 중요한 발표였어요. 모두 다섯 팀이 발표를 하는데, 그 발표로 당락이 결정되는 거였죠."

"회사 차원에서는 매우 중요한 계약 건이었겠네요?"

"네. 그 동료가 제 블로그를 보고는 파워포인트로 발표 자료 만드는 걸 도와 달라고 했어요."

"그래서요?"

"주말에 회사에 나가서 함께 발표 자료를 만들었어요. 동료는 무척 만족했고, 1등으로 큰 계약을 하게 되었죠."

"와, 정말 대박이네요."

"그 이후 저를 왕따시켰던 그 친구가 제 팬이 되었어요."

그 일이 직장 내에 알려지면서 그는 단숨에 유명 인사가 되었다. 그를 가장 업신여기던 팀장도 팬이 되었다.

"정말요? 어떻게 그런 팀장까지 팬이 되었죠?"

"팀장님은 매일 반복되는 문서 작업에 많은 시간을 쓰고 있었어요. 제 블로그를 보고는 엑셀 자동화에 대해 도움을 구했어요. 팀장님이 매일 반복해서 하는 일을 효율적으로 바꿔

드렸어요. 그 결과, 매일 하루에 1시간 넘게 하던 일이 10분도 안 걸리게 되었어요. 요즘 팀장님은 나에게 무척이나 우호적이세요."

기쁜 일은 그것만이 아니었다.

그는 아직 결혼하지 않은 솔로다. 맞선이나 미팅을 몇 번 하기는 했지만, 만남이 이어진 적은 한 번도 없었다. 외모 때문에 여자들에게 인기가 없었다.

"그런데 내가 쓴 에세이를 보고 특히 여직원들이 말을 걸어왔어요. 글이 아주 좋고 감동적이라고 했어요."

그의 말이 이어졌다.

"태어나서 처음이에요."

"뭐가요?"

"이성에게 관심 받아 보는 거요."

그렇게 말하면서 무척 쑥스러워하는 모습이 참 사랑스러웠다.

상황이 바뀐 것은 아무것도 없었다. 얼굴을 성형해서 갑자기 잘생겨진 것도 아니고, 탈모가 진행되는 자리에 머리가 자란 것도 아니다.

외모와 재력, 학력 등을 타인과 비교하다 보면

자신의 장점을 발견할 수 없다.

나 자신에게 집중하라. 그래야 나의 장점이 보인다.

내가 가진 것을 가장 나답게 발산하는 것,

그것이 매력이다.

툭 튀어나온 배에 왕자 근육이 생긴 것도 아니다. 내성적인 성격은 그대로였고, 어눌한 말투가 다듬어진 것도 아니었다. 그는 예전 그대로였다. 단지 자신의 생각과 아는 것을 블로그에 올렸을 뿐이다. 그리고 그 능력을 다른 사람과 공유했다. 그랬다. 그 모든 것이 그가 이미 가지고 있던 것들이 만든 기적이었다.

"글을 매우 잘 쓰시네요."

"할 줄 아는 게 그것밖에 없어요."

"저희 플랫폼에서 글쓰기 강의를 해 보는 건 어떨까요?"

"정말요? 그런데 자신이 없어서……."

"블로그 글 보니까 충분히 자격이 있어요. 강의 준비될 때까지 기다릴게요. 꼭 도전해 봐요."

"예, 감사합니다. 해 볼게요."

"너무 길어지면 안 돼요."

"연습해서 준비되면 말씀드릴게요."

"강의 시작하면 책도 내세요. 출판사 소개해 드릴게요."

"네, 고맙습니다."

좋은 생각과 글에는 상상을 초월하는 힘이 있다. 사람들은 좋은 글에 감동하고 기뻐하고 용기와 희망을 얻는다. 한 줄의 명언, 하나의 문장, 한 권의 책이 타인의 인생을 송두리째 바꿔 놓을 수도 있다.

글은 세상에 나를 보여 줄 수 있는, 나를 증명할 수 있는 강력한 무기다. 글에는 선입견이 없다. 내가 어떻게 생겼는지, 배가 나왔는지, 대머리인지, 말주변이 없는지, 목소리가 안 좋은지, 키가 작은지 상관하지 않는다. 글은 이 모든 것에서 자유롭다.

그는 몇 달 뒤 멋진 강사로 데뷔할 것이다. 책을 펴내는 작가로서의 삶도 살아갈 것이다. 직장 생활도 성공할 것이다. 결혼해서 행복한 가정도 꾸릴 것이다. 그리고 자신이 원하는 삶을 살아갈 것이다.

그는 달라진 것이 없다. 단지 자신을 드러내고 자신이 가진 것을 공유하면서 그의 삶은 완전히 달라졌다. 아무도 알아주지 않는 소심한 도전이 쌓이고 쌓여 오늘의 그를 만들었다. 그에게 일어난 변화가 당신의 것이 되지 말란 법은 없다.

그의 인생에 봄날이 시작되고 있다. 그의 앞에 꽃길이 펼쳐질 것이다. 그의 멋진 내일을 응원한다. 그리고 이 글을 읽고 있는 당신의 미래를 응원한다.

시련을
대하는
자세

—

한 달 전 50대 후반의 부부가 방문했다. 두 분 모두 사회적으로 성공한 분들이었다. 남편은 대학교 교수, 아내는 한의사였다. 그런데 평범한 교수와 한의사가 아니었다. 자폐증을 전문으로 치료하는 교수이고 한의사였다. 그 분야에서 인정받고 있는 최고의 전문가였다.

"두 분 정말 대단하세요. 자폐증은 다루기 쉽지 않다고 하던데, 어떻게 부부가 같은 일을 하게 되셨어요?"

내 질문에 두 분은 서로 얼굴을 마주 보며 웃었다. 잠시 뒤 남편이 말했다.

"사실은 이 모든 게 우리 아들 덕분이에요."

"아드님 덕분에 자폐증 전문가가 되셨다고요?"

"예, 맞아요."

28년 전 둘째 아들이 태어났다. 눈에 넣어도 아프지 않을 귀한 아들이었다. 부부는 행복했다. 이 세상을 다 얻은 것 같았다.

그런데 아이가 2살이 되면서부터 다른 아이들과는 무언가 다르다는 걸 깨닫게 되었다. 병원에 찾아가서 정밀 검사를 받았다. 결과는 충격적이었다. 자폐아 판정을 받은 것이다.

하늘이 무너져 내리는 것 같았다. 한동안 아들을 치료하기 위해 전국의 유명한 전문가들을 찾아다녔다. 그러나 별 효과가 없었다. 아내는 아이를 직접 치료하겠다고 마음먹었다. 아내의 제안에 남편도 그렇게 하자고 했다.

그 뒤로 부부는 오직 아들을 위해서 모든 것을 걸었다. 남편은 외국의 자폐 전문 대학교와 기관을 돌면서 공부하고 또 공부했다. 아내는 국내에서 한의원을 운영하며 자폐에 대해 죽기 살기로 연구했다. 두 사람은 그렇게 해서 알게 된 지식을 아들에게 적용했다.

기적이 일어났다. 아들은 국내의 명문 대학교를 매우 우수한 성적으로 졸업했다. 지금은 아버지와 함께 사업을 준비 중이다. 자폐아가 국내 유명 대학에 입학한 사례는 거의 없다고 한다. 게다가 사업까지 하는 건 더욱 쉬운 일이 아니라고 했다. 물론 아들의 자폐증이 완전히 치료된 것은 아니다. 그렇지만 거의 정상인에 가까워지고 있다고 한다. 이제는 부모의 도움 없이 혼자서 사회생활을 하는 데 큰 문제가 없을 거라고 한다.

아내가 말했다.

"둘째 아이가 자폐라는 걸 알았을 때는 정말 죽을 만큼 힘들었어요. 하나님을 원망하기도 했고, 모든 걸 포기하고 싶었지요. 하지만 포기할 수 없었어요. 우리도 점점 나이를 먹어 가는데, 아이를 평생 곁에 두고 보살필 수는 없잖아요. 아이 혼자서 홀로 서기를 할 수 있게 도와야 했어요."

남편이 말했다.

"아내도 저도 모든 것을 걸고 필사적으로 공부하고 또 공부했어요. 지금은 국내에서 이 분야 최고로 인정받게 되었어요. 그리고 선물이 또 하나 있습니다. 가족 간의 사랑이요. 아내와 저, 두 아이는 매일 함께 밥을 먹어요. 지금도 매일 아침 서로를 포옹하고 사랑한다고 말해 주어요. 아이의 자폐가 오히려 우리 가족을 단단하고 행복하게 만들어 주었어요."

자폐아로 태어난 아들로 인해 가족 모두가 힘든 시기를 보냈다. 항상 침울했다. 그러나 생각을 바꾸고 기적을 만들어 냈다. 자폐아인 아들을 정상인보다 더 훌륭하게 키웠다. 가족은 서로를 더 아끼고 사랑하게 되었다. 그리고 부부는 국내 최고 권위의 자폐 전문가가 되었다.

우리에게 시련은 두 가지 모습으로 다가온다.

나를 성장시키는 시련.

나를 무너뜨리는 시련.

선택은 온전히 나의 몫이다.

시련을 극복하는 선택은 나를 성장시킨다.

시련에 굴복하는 선택은 나를 무너뜨린다.

"왜 나에게 이런 힘든 일이 생긴 걸까?"

만약 이런 상황에 처해 있다면 그 시련을 성장의 기회로 생각하자. 시련을 극복하는 과정은 힘들다. 그러나 시련을 극복해 가는 과정에서 평범함 속에서는 이룰 수 없는 특별한 성장을 이루게 된다.

인생에 시련이 찾아오지 않기를 기대하지 말라.

시련이 찾아왔을 때 극복할 용기를 달라고 기도하라.

아버지가
남긴
다섯 글자

—

아버지가 갑자기 중심을 잃고 길에서 쓰러지셨다. 아버지는 잠시 뒤에 괜찮다고 하시면서 일어나셨다. 15년 전 11월이었다. 아버지, 어머니와 함께 상가喪家에 다녀오다가 일어난 일이었다. 어머니도, 나도 많이 놀랐다. 병원에 가자고 했지만, 아버지는 잠시 어지러워서 그랬다며 손사래를 치셨다. 평소에 병원 한 번 안 갈 만큼 건강한 분이어서 별일 없을 거라고 생각했다.

그로부터 한 달 뒤였다. 진동으로 해 둔 핸드폰이 바지 속에서 울렸다. 어머니였다.

"네, 엄마."

하지만 전화기 건너편에서는 침묵이 흘렀다.

"엄마, 말씀하세요."

어머니가 나직하게 말씀하셨다.

"아버지가 쓰러지셨어. 지금 병원에 있다. 올 수 있으면 와 다오."

"네, 알았어요. 갈게요."

전화를 끊고 잠시 멍하니 서 있었다. 당시 나는 하루하루를 너무나 힘겹게 버티고 있던 때여서 어머니는 내가 걱정할까 봐 웬만한 일에는 전화를 하지 않으셨다. 그런데도 전화를 하셨다는 것은, 그만큼 아버지의 상태가 안 좋다는 뜻이었다. 나는 반쯤 정신이 나간 상태로 병원으로 향했다.

아버지는 응급실에 누워 계셨다. 의사는 머리로 연결된 혈관이 막혔다고 했다. 하지만 그것만이 아니었다. 며칠 동안 정밀하게 살펴본 뒤 내려진 최종 병명은 혈액암이었다. 그것도 꽤 진행된 상태였다.

의사가 말했다.

"6개월 이상은 힘들 것 같습니다."

15년 전 당시 나는 빚에 쫓기며 매우 힘든 나날을 보내고 있었다. 수중에 한 푼의 돈도 없었다. 감당하기 힘든 빚이 나를 무겁게 짓누르고 있었다. 형님도 형편이 매우 안 좋을 때라 당장 병원비가 걱정이었다. 못난 두 아들은 자기 삶도 건사하지 못할 만큼 힘겹고 버거웠다.

아버지는 내내 정신이 나가 있었지만 신기하게도 하루에 몇 분씩 잠깐이나마 제정신으로 돌아오고는 했다. 그때 얼굴 표정과 손짓으로 최소한의 의사소통을 할 수 있었다. 그리고 간단한 글을 써서 생각을 주고받기도 했다. 아버지는 말하는 능력은 완전히 상실했지만, 정신이 돌아왔을 때 글을 써서 자신의 뜻을 밝힐 수 있었다.

내가 곁을 지키고 있을 때였다. 새벽 2시경 아버지가 잠에서 깨셨다. 정신이 조금 돌아오신 것 같았다. 아버지는 무슨 할 말이 있는 듯 내 얼굴에 시선을 고정하셨다.

"하실 말씀 있으세요?"

아버지가 눈을 깜빡이셨다.

"수첩 드릴까요?"

다시 눈을 깜빡이셨다.

침대의 등받이를 세우고 손에 볼펜을 쥐어 드렸다. 그리고 글씨를 쓰실 수 있도록 수첩을 펼쳤다. 아버지는 힘겹게 한 글자 한 글자를 쓰셨다. 그렇게 5분여 동안 쓰신 글자는 딱 다섯 글자였다.

'보증금 엄마'

아버지가 남긴 마지막 다섯 글자였다.

나는 그 글자들이 의미하는 바를

잘 알고 있었다.

병원에 입원하기 3개월 전 아버지는 새로 이사할 집의 전세 계약을 맺었다. 계약하는 날 집주인의 딸이 대리인으로 나왔는데, 인감도 없이 계약서를 썼다. 아버지는 나중에 그 일이 문제가 되지 않을까 걱정하셨다. 그래서 '보증금'이라는 단어를 쓰신 것이었다.

아버지가 쓴 다섯 글자는 '엄마'라는 단어로 끝을 맺었지만, 나는 아버지가 완성하지 못한 문장이 무엇인지 충분히 알 수 있었다.

'엄마를 잘 부탁한다. 엄마 행복하게 해 드려라.'

쓰러지신 뒤로 잠깐씩이라도 돌아오던 정신은 그날 이후 영영 돌아오지 않았다. 그리고 2주 후 아버지는 고통 없는 세상으로 떠나셨다.

'보증금 엄마'

아버지의 마지막 유언.

보증금 문제는 집주인과 연락해서 원만하게 해결할 수 있었다.

그리고 또 하나의 유언.

'엄마 행복하게 해 드려라.'

하지만 빚쟁이에게 쫓기며 고시원 쪽방을 전전하던 내가 그 유언을 지켜 드리기까지는 꽤 오랜 시간을 필요로 했다.

2021년 1월 1일 새벽이었다. 어머니가 해 주신 떡국을 맛있게 먹었다. 그때 어머니가 떡국을 드시다가 갑자기 말씀하셨다.

"의상아, 난 요즘 참 행복하구나."

어머니의 뜬금없는 말씀에 나는 숟가락질을 멈추었다.

"네가 잘돼서 좋고, 돈 걱정 안 해서 좋고, 좋은 집에서 너랑 살아서 참 행복하다."

가슴이 뭉클했다. 눈물이 나오려는 걸 억지로 참았다.

그릇을 비운 뒤 내 방으로 향했다. 창문을 열었다. 새벽 어둠을 밀어내고 새해 첫날이 밝아오고 있었다. 하늘을 바라보았다. 구름 사이로 얼핏 아버지를 본 것 같았다.

나는 하염없이 눈물을 흘리며 혼잣말을 했다.

"아버지, 엄마가 행복하다고 하셨어요. 이제야 아버지 유언을 지켜 드렸어요. 너무 늦어서 죄송해요. 더 행복하고 건강하게 잘 모실게요. 걱정 마세요, 아버지. 사랑해요."

은퇴 이후, 잃는 것보다
얻게 될 것에 집중하면
생기는 일

—

은퇴 후에 닥칠
끔찍한 상황들

은퇴 후, 어떤 일들이 나를 기다리고 있을까? 수십 년간 직장 생활을 하며 참 힘들었다. 은퇴를 하면 좀 편해질까? 그러나 은퇴 후 맞이하는 삶은 더욱 힘들다. 직장에 다닐 때는 아침에 일어나면 그나마 할 일이 있었다. 좋으나 싫으나 직장이 있다는 건 나에게 할 일이 있다는 뜻이다.

은퇴한 뒤에는 많은 것이 낯설어진다. 퇴직 후 맞이하는 아침마다 이런 질문을 한다.

"오늘 하루 종일 뭐하지?"

이런 질문이 하루, 일주일, 한 달, 1년 동안 쌓이면 부작용이 생겨난다. 허무함과 우울감이다. OECD 국가 중 우리나라의 자살률이 1위다. 그중에서도 50~60대 남성의 자살률이 가장 높다.

평생 가족을 위해 달려왔다. 생계를 유지하기 위해 직장생활을 하는 것 말고는 다른 것을 생각할 여유가 없었다. 그렇게 앞만 보고 열심히 달려왔는데, 그렇게 살면 무언가 보상이 주어질 거라고 믿었는데, 은퇴 후의 삶은 급격히 초라해진다. 당장 모임에 나가서 자신을 어떻게 소개해야 할지부터 난감해진다. 직장 다닐 때는 나의 정체성이 분명했다. 명함에 박힌 회사와 직함이 곧 나 자신이었다. 그런데 은퇴와 동시에 나라는 존재의 정체가 불분명해진다.

은퇴 이후에 생겨나는
삶의 무기들

은퇴에는 두 가지 사회적 의미가 있다. 하나는 누군가에게 자리를 내어주고 물러난다는 의미다. 다른 하나는 휴식이다. 첫 번째는 새로이 유입되는 인력에게 자리를 양보한다는 면에서 '순환'의 기능을 갖는다. 두 번째는 말 그대로 직업 전선에서 물러나 여생을 보다 여유롭게 지내라는 '보상'의 의미를 갖는다. 하지만 대부분의 사람이 은퇴를 앞두고 걱정이 커진다. 은퇴를 하면서 얻게 되는 것보다 잃게 되는 것에 집중하기 때문이다.

은퇴를 두려워할 필요는 없다. 은퇴 후에 시작되는 인생 2막을 보다 멋지게 보낼 수 있다. 어떻게?

아이들이 다 커서 육아의 책임으로부터 자유로워진다. 직장을 다니지 않아도 되기 때문에 온전히 나만의 시간을 가질 수 있다. 의무는 줄어들고 권리는 커진다. 마음만 먹으면, 얼마든지 나에게 주어진 자유와 권리, 여유로운 시간으로 멋진 삶을 만들 수 있다.

어릴 적 당신에게는 꿈이 있었다. 직장 다니고 결혼하고 자녀 키우느라 정신없이 살면서 잠시 그 꿈을 잊었을 뿐이다. 기억하자. 은퇴는 오래전의 꿈을 다시 소환해서 멋진 삶을 시작하는 출발점이다.

그동안 당신은 '권리를 누리는 삶'보다 '의무를 다하는 삶'을 살아왔다. 가정에서는 가장으로, 조직에서는 팀장으로서 권리보다 의무에 충실했다. 그래서 힘들었다. 답답했다. 공허했다. 그러나 이제 당신은 자유다. 당신에게 주어진 24시간을 온전히 당신을 위해 쓸 수 있다.

그동안 잊고 지냈던, 마음속 가장 구석진 곳으로 밀어내야 했던, 내 안 깊은 곳에서 잠자고 있는 꿈을 끄집어낼 때다. 만약 지금 그 꿈이 무엇이었는지 잘 모르겠다면, 그 꿈을 찾아가는 여정을 떠나 보자. 꿈을 찾는 여정은 설레고 행복하다. 그렇게 꿈을 발견하면, 그 꿈을 현실로 만드는 새로운 여행을 시작하자. 대단하지 않아도 된다. 특별하지 않아도 된다. 오직 내가 즐길 수 있고 행복하면 그만이다.

은퇴 후 더 화려한 인생을 사는 사람들

2021년 2월에 상담한 59세 남성이 기억난다. 그는 상담 중에 이런 말을 했다.

"은퇴해서 1년 동안, 아무것도 못 했어요. 만나는 사람도 없었어요. 그렇게 우울증이 왔고 불면증까지 겹쳤어요. 자살

충동까지 느꼈어요."

그런데 우연한 기회에 새로운 세상을 발견했다고 한다.

"책이나 읽을까 하고 서점에 갔다가 우연히 친구를 만났어요. 친구는 취미 생활로 라틴 댄스를 한다고 했어요. 그날 친구를 따라 댄스 학원에 갔죠. 신세계였어요. 춤을 추면서 세포 하나하나가 깨어나는 듯한 흥분을 느꼈어요. 살아 있는 느낌을 되찾았어요. 지금 저는 참 행복합니다."

그의 얼굴에 미소가 가득했다. 더 열심히 배워서 시니어 라틴 댄스 대회에 나가는 게 꿈이라고 했다. 일 년 뒤에 60살이 되는 그의 표정에서 꿈이 가득한 소년의 얼굴을 보았다.

다른 한 분은 2020년 10월에 방문한 62살의 남성이다. 그의 은퇴 이후에 대해서 잠깐 들여다보자.

연금과 임대 소득이 충분해서 경제적으로 풍요로웠다. 하지만 은퇴한 뒤 2년 동안 아내의 눈칫밥을 먹으면서 하루 종일 소파에 앉아 리모컨을 잡고 TV를 보는 게 일과였다. 그런 자신을 한심하게 여기는 아내와 다툼도 잦아졌다. 그래도 한때는 대기업 임원으로 대접받고 살았는데, 집에서 키우는 반려견보다 못한 존재감에 나날이 자괴감이 커졌다. 심한 불면증이 왔고, 공황장애까지 겪었다. 스스로 이런 생각까지 했다.

현대 자본주의 시스템은 인간의 불안을 부추기는 방향으로 작동한다.

더 갖지 않으면 불행해질 것이라며 조급하게 만든다.

하지만 세상을 떠날 때 아무것도 남기지 않는 것이야말로

가장 효율적인 인생 아닌가?

그러니 두려워 말고 은퇴 이후를 마음껏 누리라.

그렇게 지속적으로 생명력을 발산하는 동안 뜻하지 않은

선물이 찾아올 것이다.

'내가 살아 있는 사람이 맞나?'

용기를 내서 동창회 모임에 나갔다. 곁에 앉은 동창이 내내 자신이 즐기는 취미에 대해서 자랑을 늘어놓았다. 사진 찍기였다. 그 친구를 따라다니며 사진을 찍기 시작했다. 카메라 앵글을 통해 세상을 바라보면서 그동안 바쁘게 살아오느라 놓쳤던 세상의 아름다움을 발견했다고 한다. 세상의 표정을 카메라에 담는 일도 즐겁고, SNS에 올려 사람들과 소통하는 일도 설렌다고 한다. 그는 상담하는 내내 사진이 자신의 삶에 얼마나 큰 행복을 가져다주었는지 이야기했다.

나는 그의 말을 듣지 않아도 표정에서 충분히 알 수 있었다. 60대 남자의 얼굴은 대체로 표정이 뻣뻣하게 굳어 있다. 하지만 그의 표정은 호기심 많은 5살 아이 같았다. 참 행복해 보였다.

은퇴,
진정한 봄날의 시작이다

은퇴 이후의 시간을 설렘 가득한 시간으로 만들자. 온전히 주어진 나의 시간과 꿈을 연결하자. 지금껏 경험하지 못한 새로운 세계를 만날 것이다.

우리는 이 지구에 행복을 누리러 왔다. 은퇴 이후는 의무에서 벗어나 행복과 권리를 누리는 시간이다. 나에게 작은 꿈이 있고 그 꿈을 이루는 여정을 이어가는 한 죽는 날까지 지루함이란 있을 수 없다. 오로지 설렘만이 있을 뿐이다.

꿈이 있는 한, 꿈을 이루는 삶을 살아가는 한 당신의 얼굴에서 아이의 해맑은 미소가 사라지지 않을 것이다. 그로 인해 당신은 더 이상 늙지 않을 것이다.

내
키는
169cm

─

내 키는 169센티미터다. 평생 키가 작은 것에 콤플렉스를 갖고 살았다. 초등학교(내가 다닐 때는 국민학교였다)에서는 키가 작은 순서대로 앉았기 때문에 내 자리는 늘 앞자리였다. 뒷자리에 앉아 보는 것이 소원이었다.

중학교에 올라 사춘기가 시작되면서 작은 키에 더 신경을 쓰고 의식했다. 커 보이고 싶었다. 방법을 찾아야 했다. 서 있을 때는 조금이라도 커 보이기 위해 의식적으로 몸을 최대한 곧게 폈다. 버스에서 서 있을 때면 손잡이를 잡고 살짝 까치발을 했다.

조금이라도 커 보이려고 궁리하다가 좋은

방법을 생각해 냈다. 신발에 깔창을 넣는 것이었다. 키가 조금 커 보였다. 기분이 좋았다.

신발을 고르는 첫 번째 기준은 굽이 높은 것이었다. 그리고 항상 한 치수 큰 것을 샀다. 그래야 깔창을 넣을 수 있으니까. 두꺼운 깔창을 세 개까지 넣고 다녔다.

대학에 들어가서 머리 스타일을 마음대로 할 수 있게 되면서 키가 커 보일 수 있는 또 다른 방법을 추가했다. 파마를 해서 머리를 최대한 세웠다. 그러면 3~4센티미터는 더 커 보였다. 이런 나의 노력은 40살까지 계속되었다.

돌이켜보면, 내 키가 170센티미터가 안 된다고 해서 나를 작다고 한 사람은 한 명도 없었다. 내 키가 작은 것을 문제 삼은 사람도 없었다. 키가 작아서 불이익을 당한 적도 없었다. 모든 문제는 내가 만든 것이었다. 나 스스로 문제를 만들어 놓고는 미련하게도 40년 가까이 시달리며 살았다.

31살 때 직장에서 중요한 발표를 앞두고 있었다. 대표 이사는 물론 사내의 주요 인사들이 모두 참석하는 자리였다. 당시 부장님이 초등학교 선배여서 나를 밀어 주었다.

"내가 적극 추천할 테니, 이번에 발표해 봐."

하지만 발표를 제대로 못했을 때의 시선이 너무나 두려웠다.

"부장님, 죄송합니다. 잘할 자신이 없어요."

정말 좋은 기회였지만 포기했다. 발표는 옆 팀 동료에게 돌아갔다. 그는 그 발표가 계기가 되어 직장 내에서 승승장구했고, 해외 주재원으로 나갔다. 직장 생활을 하는 내내 그때의 발표 기회를 스스로 걷어찬 걸 후회하며 지냈다.

지금 내가 운영하는 유튜브의 구독자는 65만 명이다. 유튜브를 본격적으로 시작한 지 채 4년이 안 된다. 사실 유튜브를 처음 시작한 때는 6년 전이었다. 하지만 첫 영상을 만들고 올리려니 두려웠다. 이 영상을 사람들이 어떻게 평가할까? 콘텐츠가 별로라고 하지는 않을까? 악성 댓글이 달리면 어떡하지? 수많은 두려움을 스스로 만들어 냈다. 그리고 포기했다.

그러다가 5년 전에 또다시 시도했다. 용기를 내서 영상 3개를 올렸다. 그러나 곧 내렸다. 내 영상이 다른 사람들의 평가를 받는 것이 불안하고 두렵고 창피했다.

4년 전쯤 다시 용기를 내어 영상을 올렸다. 댓글에 이런 내용이 있었다.

'영상이 도움이 많이 되었어요.'

힘이 났고 자신감이 생겼다. 용기가 났다. 그리고 여기까지 올 수 있었다.

나는 타인을 너무 의식하며 살아왔다. 내 삶의 기준이 나 자신이 아니라, 타인의 시선이었다. 참 오랫동안 그렇게 살았다. 그 오랜 시간 타인을 의식하는 데 너무 많은 에너지를 소모했다. 왜 타인의 시선을 의식하며 살았을까? 그 에너지를 온전히 나에게 집중시켰다면 어땠을까?

지금까지 타인을 의식하며 살아오는 동안

얼마나 많은 '자존감'을 잃었는가?

얼마나 많은 '시간'을 버렸는가?

얼마나 많은 '실천'을 못했는가?

얼마나 많은 '사랑'을 놓쳤는가?

돌이켜 생각해 보면, 살아오면서 내가 한 가장 큰 잘못은 바라는 것, 좋아하는 것, 하고 싶은 것들을 타인을 의식하느라 하지 못한 것이다. 남의 눈치를 보느라 앞으로 나서지 못했던 과거의 내가 떠오른다. 그 숫기 없고 잔뜩 움츠러든 나에게 손을 내밀고 싶다. 위로를 건네고 더 많이 사랑해 주고 싶다.

지금까지 잘해 왔다고, 앞으로도 잘 해낼 거라고, 이제 부터는 타인을 의식하지 않고 온전한 나로서 삶을 살아갈 거라고.

칭찬 한마디가
일깨워 준
힘

—

마흔 살쯤이었다. 사업에 실패하고 고시원에 살면서 재기하기 위해 발버둥 칠 때였다. 당시 나는 세상의 지식과 노하우를 얻기 위해 여기저기 강의를 들으러 다녔다.

나는 전형적인 A형이다. 지극히 소심하다. 강의 중에 모르는 것이 있어도 질문을 하지 않고 꾹 참았다.

한번은 강남역 부근의 학원에서 하는 온라인 마케팅 강의를 들으러 갔다. 정원이 7명이었다. 매주 일요일에 진행하는 5주짜리 강의였다. 강사는 2시간 수업 중 30분은 수업내용에 대한 질문을 받았다.

"오늘 수업 내용 중에 궁금한 거 있으신가요?"

나를 제외한 나머지 6명은 강사에게 궁금하거나 애매한 것들을 서슴없이 질문했다. 나 역시 궁금한 게 많았지만 3주 차가 될 때까지 한 번도 질문을 하지 않았다.

4주 차 수업 때였다. 그날도 30분을 남겨 놓고 강사가 질문을 받았다. 역시 궁금한 게 많았지만 질문할 용기가 나지 않았다. 그렇게 다른 사람들의 질문이 끝났을 때 강사가 나를 지목하면서 말했다.

"끝자리에 앉은 남자분, 아무거나 질문 있으면 하세요."

"네……?"

가뜩이나 하고 싶은 질문이 목구멍으로 넘어오지 않아 끙끙거리고 있는데 갑자기 지목을 당하자 적잖이 당황했다.

"편안하게 질문하세요. 괜찮습니다."

질문을 할까 말까 엄청나게 고민했다. 괜히 쓸데없는 질문을 해서 핀잔을 듣는 건 아닐까? 우물쭈물하고 있는 나를 강사는 계속 기다려 주었다. 벽에 걸린 시계의 초침 돌아가는 소리에 심장이 멎을 것만 같았다. 하지만 질문을 하지 않으면 다른 사람들에게 폐를 끼치는 것 같아 용기를 내었다.

"아, 네…… 저기 세부 키워드에 대해 다시 설명해 주세요."

내가 건넨 한마디의 칭찬이 누군가의 삶을 바꿀 수 있다.

그리고 나에게서 나간 칭찬은 언젠가 나에게 되돌아온다.

당신의 칭찬으로 힘을 얻은 그가 당신을 어떻게 기억하겠는가.

강사의 반응이 뜻밖이었다.

"와우, 정말 중요한 질문을 해 주셨네요. 정말 좋은 질문입니다."

강사는 나의 질문을 크게 칭찬한 뒤 성실하게 답변해 주었다. 답변을 마치고 난 뒤에 다시 한번 나의 질문에 대해서 칭찬했다.

"꼭 알아야 할 중요한 부분을 꼭 짚어서 질문해 주셔서 감사합니다."

그날 수업을 마치고 나오는데 절로 콧노래가 나왔다. 강사가 해 준 칭찬이 귓가에 맴돌았다.

'히히, 내 질문이 아주 좋았다고? 그래, 난 괜찮은 사람이야.'

아이처럼 깡충깡충 뛰면서 웃었다. 그때 내 모습을 본 사람들이 나를 미쳤다고 생각했다 한들 무리가 아니었다.

강사의 칭찬 한마디에 내 자존감이 10배는 치솟았다. 마지막 5주 차 수업이 기다려졌다. 그동안 궁금했던 것들을 마음껏 질문하고 싶었다.

일주일이 지나고 기다리던 마지막 수업 시간이 왔다. 수업이 끝나고 드디어 질문 시간이 돌아왔다.

"오늘이 마지막 수업입니다. 질문 있으신 분은 질문해 주세요."

내가 제일 먼저 손을 들었다. 그리고 질문을 했다.

돌이켜 보면 하찮은 질문이었다. 그러나 강사는 역시 똑같이 말해 주었다.

"네, 정말 핵심을 찌르는 중요한 질문이네요. 감사합니다."

강사는 분명히 알고 있었다. 내가 소심한 사람이라는 걸. 내가 내성적인 사람이라는 걸. 내가 자존감이 낮은 사람이라는 걸. 그래서 나를 콕 집어서 질문을 유도했고, 기다려 주었고, 내 질문을 크게 칭찬해 주었다. 내 자존감과 자신감을 찾아 주기 위해서.

지금도 그 강사를 떠올리면 참 멋진 사람이라는 생각이 든다. 그를 다시 만난다면 감사의 마음을 꼭 전하고 싶다. 아니, 지금 여기 이곳에서 해야겠다. 다시 만날 수 없을지도 모르니까.

강사님, 진심으로 감사합니다.

당신의 배려 깊은 칭찬이 저를 조금은 나은 사람으로 만들었습니다.

당신의 칭찬이 그립습니다.

전 재산이
보증금
3,000만 원뿐입니다

—

"제가 살고 있는 전셋집 보증금 3천만 원이 전부입니다."

"다른 재산은 전혀 없나요?"

"네, 없어요."

2년 전 50대 중반의 그녀가 사무실로 찾아왔다. 솔직히 그녀의 요청이 난감했다. 가진 재산은 전세 보증금 3천만 원이 전부였다. 그걸로 어떻게 재테크를 할 수 있을지 고민하지 않을 수 없었다.

그녀는 어려서부터 아버지의 폭력에 시달렸다. 결혼해서도 남편의 도박과 폭력 때문에 힘겹게 지냈다. 아버지에 이어 남편까지 거의 40년 가까운 세월을 술과 도박, 폭력의 피해자로 살았다. 남편의 폭력이 점점 심해지자 더는 견디지 못하고 맨몸으로 도망쳐 나왔다.

사회생활을 전혀 해 보지 않은 그녀에게 세상은 만만치 않았다. 청소, 서빙, 사무 보조 등 할 수 있는 일은 닥치는 대로 했다. 그러던 중 40대 중반에 섬유 근육통이라는 난치병에 걸렸다. 10년 이상 병과 싸웠다. 하지만 현대 의학에는 한계가 있었다. 그러나 그녀는 포기하지 않았다. 스스로 대체의학과 자연 치유에 대해서 공부하고 자신에게 적용했다. 완전히 나은 건 아니지만 증세가 많이 호전되었다고 했다.

"전세금 빼서 월세로 살면서 3천만 원으로 부동산 재테크를 할 수 없을까요?"

"할 수는 있지만, 그러면 매달 월세를 어떻게 감당하죠? 그리고 시간도 많이 필요해요."

"그럼 어떻게 하죠?"

그녀의 간절한 마음은 이해하지만, 당장 부동산 재테크에 뛰어들기에는 상황이 안 좋았다. 그래서 다른 제안을 했다.

"저처럼 유튜브를 해 보시는 건 어떨까요? 그동안 대체의학과 자연 치유로 스스로 치료한 건강 노하우를 영상으로 만드는 거예요."

"그런 콘텐츠로도 할 수 있을까요?"

"네, 충분히 할 수 있어요."

현재 그녀의 유튜브 채널은 구독자가 4만 명 정도 된다. 유튜버로 살며 콘텐츠와 관련한 다양한 활동을 하면서 매달 3백만 원에서 5백만 원 정도의 수입을 올리고 있다.

몇 달 전 그녀에게서 연락이 왔다.

"제가 유튜버로 살고 있는 게 꿈만 같아요."

"이제부터 더 좋은 일들이 많이 생길 거예요."

"평생을 힘들게 살아왔는데, 지금 너무 행복해요."

내가 힘들 때나 슬럼프에 빠질 때면 꺼내 보며 힘을 얻는 공자의 말이 있다.

물이 흐르다 웅덩이를 만나면

그 웅덩이를 다 채운 다음에야 비로소 앞으로 나아간다.

그녀가 살아오면서 만난 웅덩이는 심연처럼 깊게 느껴졌을 것이다. 보통 사람이라면 진즉에 포기하거나 절망에 빠졌으리라. 그러나 그녀는 그 오랜 시간을 포기하지 않고 견뎠다. 지금 그녀는 인생 최고의 봄날을 만끽하고 있다. 웅덩이가 컸던 만큼 더 행복한 삶을 만들어 갈 것이다.

요즘 나는 큰 도전을 하고 있다. 그 도전의 여정에는 생각지도 못했던 수많은 걸림돌과 장벽이 기다리고 있었다. 공자의 말씀을 꺼낼 시간이다.

며칠 전 평소보다 일찍 잠에서 깨었다. 새벽 4시, 조그마한 모종삽 하나와 바가지를 챙겨 집 앞 산책로의 개울가로 향했다. 내가 힘들고 난관에 부딪힐 때마다 행하는 나만의 의식을 치르기 위해서였다.

개울 옆 가로등이 켜진 조용한 숲길에 이르렀다. 길가에 축구공만 한 웅덩이를 팠다. 개울에서 물을 떠서 웅덩이 앞 흙길에 천천히 붓고는 지켜보았다. 물이 길을 내었다. 하지만 깊게 파 놓은 웅덩이를 만나 더 이상 앞으로 나아가지 못했다. 물 한 바가지를 더 떠 와서 흙길에 부었다. 같은 일을 반복했다. 웅덩이에 물이 조금씩 차더니 이내 앞에 놓인 흙길에 물길을 내며 흘러갔다. 그 모습을 보고 있자니, 눈시울이 붉어졌다. 웅덩이를 벗어나서 흘러가는 물을 보면서 가슴이 벅차올랐다.

삶은 평탄하지만은 않다. 살아가면서 크고 작은 시련을 만난다. 그때 웅덩이의 물을 기억하자. 시련이라는 웅덩이를 만나 앞으로 나아가지 못한다 해도 견디고 이겨 내면 기어이 길을 내고 이전보다 더 힘차게 나아가게 될 것이다. 시련을 견디고 이겨 내는 과정에서 예전에는 갖지 못했던 힘을 갖게 될 것이다. 그 힘으로 더욱 높이 비상할 것이다.

삶이 멈추어 있다면 시련은 찾아오지 않는다.

고통과 시련은 내가 살아 있다는 증거다.

모소 대나무의
놀라운
비밀

요즘 연예계, 체육계와 관련한 안타까운 기사를 자주 접한다. 유명 연예인과 스포츠 선수가 마약, 음주 운전, 성폭행 등 한순간의 잘못으로 지금껏 쌓아 온 명성을 모두 잃었다. 그들은 최고의 위치에 올랐지만 더 자극적인 것을 탐닉했다. 자신을 견고하게 지켜낼 힘을 갖추지 못했다.

중국의 동부 지방에는 희귀종인 모소 대나무가 자란다. 이 대나무는 4년 동안 땅 위로 겨우 3센티미터밖에 자라지 않는다. 계산해 보면, 1년에 1센티미터도 안 자라는 셈이다.

만약 내 집 마당에서 이 대나무를 4년 동안 지켜보았다면, 죽은 나무라고 생각할 것이다.

그러나 5년째가 되면 경이적인 일이 일어난다. 4년 동안 거의 자라지 않던 대나무가 매일 30센티미터 이상 쑥쑥 자라난다. 계속 자라나서 6주 동안 무려 15미터에서 20미터 이상 자란다. 그래서 순식간에 대나무 숲을 이룬다.

짧은 시간에 엄청난 성장을 이루는 것도 놀랍지만 더 놀라운 사실이 있다. 건물 5~7층 높이로 자라는데도 강한 비바람에 절대 쓰러지지 않는다. 어떻게 이런 일이 가능할까?

모소 대나무는 4년 동안 땅 위로 3센티미터밖에 자라지 않았지만, 땅속에서는 놀라운 일을 하고 있었다. 수십에서 수백 제곱미터에 달하는 면적에 단단하게 뿌리를 뻗은 것이다. 모소 대나무는 절대로 서두르지 않는다. 자신이 5년째에 폭풍 성장할 걸 알기에 인내하며 기다렸다.

모소 대나무와 같은 미물도 자신의 미래를 위해서 4년을 기다릴 줄 안다. 크게 성장하기 위해 준비하며 때를 기다린다. 강력한 폭풍우에도 쓰러지지 않도록 단단히 땅을 움켜쥐는 데 4년이라는 시간을 투자한다.

나도 한때 운 좋게 약간의 성공을 거둔 적이 있었다. 그

우리가 견뎌 낸 모든 시련은 훗날 삶의 자양분이 된다.

지금 힘들다면, 당신은 버티는 힘을 키우는 중이다.

러나 그 성공을 견뎌 낼 힘이 없었다. 외부의 바람에 쉽게 흔들렸고, 결국 쓰러졌다. 이후로 고통스러운 시간을 보내야 했다. 그 무렵 나는 모소 대나무의 놀라운 비밀을 책을 통해 알게 되었다. 온몸에 전율이 올랐다. 내가 겪고 있는 시련이 마치 모소 대나무의 '4년' 같았다. 아무리 발버둥 쳐도 빚을 감당할 수 없었다. 아무리 발버둥 쳐도 수입이 크게 늘지 않았다. 그러나 나는 알았다. 이 시련이 내가 땅속에 뿌리를 내리는 과정이라는 것을. 10년이라는 시련의 시간 속에서 모소 대나무를 생각하며 견뎠다. 다시 성공한 후에 모소 대나무처럼 견뎌 낼 뿌리를 깊이 내리는 시간이라는 믿음으로.

많은 기업이 어려울 때 도산하기도 하지만, 잘나갈 때 도산하는 경우도 많다고 한다. 그 이유가 무엇일까? 모소 대나무가 알려 준다. 크게 성장했을 때 그것을 지켜 낼 뿌리의 힘을 갖추지 않았기 때문이다.

지금 내가 힘들다면, 그래도 꾸준히 노력하고 있다면, 너무 조급해 하지 말자. 하나씩 하나씩 다져 나가자. 기다림, 인내, 뿌리내림, 인고의 시간을 갖자. 당장의 성장보다는 정상에 섰을 때 그 자리를 지킬 힘을 키우자. 비바람이 불어도, 태풍이 불어와도 이겨 낼 수 있도록. 모소 대나무처럼.

결핍을 대하는
그녀의
자세

—

2주 전 40대의 특별한 여성을 만났다. 그녀는 내가 운영하는 〈인클〉의 온라인 부동산 강사에 지원했다.

"어떻게 부동산 전문가가 될 수 있었나요?"

"우리 큰아이 때문이었어요. 큰애가 아토피 때문에 고생이 심했어요."

아이의 아토피와 부동산이 무슨 상관? 그녀와 대화를 이어 가면서 그 의미를 알 수 있었다.

그녀의 큰아이는 아토피가 너무 심해서

온몸에 진물이 흐를 정도였다. 아이뿐 아니라 가족 모두가 고통에 시달렸다. 좋다는 병원을 수소문해서 모두 찾아다녔다. 아이를 돌보기 위해 직장을 그만둘 수밖에 없었다. 남편 혼자 외벌이를 하게 되면서 생활비가 빠듯해졌다. 아이의 치료비와 약값 때문에 대출까지 받아야 했다. 더 이상 이렇게 살 수는 없을 것 같다는 생각이 들었다.

그러던 중 그녀는 3년 전 산후조리원에서 만난 30대 산모와 친해지면서 부동산 재테크에 관심을 갖게 되었다. 그 산모를 보면서 자신도 부동산으로 돈을 벌 수 있겠다는 자신감을 가졌다. 약간의 부동산 지식을 쌓은 뒤 담보 대출을 받아 부동산에 투자했다. 하지만 큰 손실을 보았다. 어설픈 지식을 갖고 투자했으니, 잘되는 게 오히려 이상했다.

"정말 힘드셨을 같아요. 그래서 어떻게 했나요?"

"반성을 많이 했어요. 그리고 제대로 공부하기로 마음먹었어요."

"어떻게 공부하셨죠?"

"최근 1~2년 안에 출간된 부동산 관련 책을 30권 넘게 사서 미친 듯이 공부했어요."

"아이 둘을 키우고 큰아이 치료하면서 시간 내기가 쉽지 않으셨을 텐데."

"8시간 정도였던 수면 시간을 4시간으로 줄였어요. 아이들이 잘 때 공부했죠."

책을 보면서 공부하고, 책에서 소개한 부동산 재테크 카페에 가입하여 오프라인 모임에도 참석하면서 끊임없이 배워 갔다. 그렇게 1년이 지나자, 어렴풋하던 부동산 재테크의 흐름이 제대로 보이기 시작했다. 이후 투자를 시작한 지 3년 만에 자산을 4배로 늘릴 수 있었다.

부동산 책을 사서 아이들 잠든 틈에 공부하던 그녀가 지금은 재테크 책을 3권이나 출간한 재테크 전문 작가가 되었다. 여기저기 강의를 들으러 다니는 수강생이었던 그녀가 지금은 부동산 관련 지식을 전수하는 전문 강사가 되었다. 이렇게 되기까지 3년이 채 안 걸렸다.

그녀가 이렇게 성공할 수 있었던 가장 큰 이유가 뭘까? 그것은 '결핍'이었다. 아이의 피부병, 외벌이, 생활비 부족, 암담한 미래 등 그녀를 힘들게 하는 결핍이 그녀를 절실하게 만들었고, 그 상황을 피하지 않고 당당하게 마주했다. 그 상황에서 벗어나지 않으면 가족이 지금보다 더 많이 힘들어질 게 뻔했다. 이전과 같이 생각하고 행동해서는 삶을 바꿀 수

시련과 고통은 내가 밟고 올라설 계단이다.

없었다. 결국 예전에는 시도하지 않았던 엄청난 노력을 기울이고 꾸준히 실행하면서 지금의 결과를 만들었다.

철학자 니체는 이렇게 말했다.

'나를 죽이지 못하는 고통은 나를 더욱 더 강하게 만든다.'

자신에게 찾아온 고난과 결핍을 대하는 자세는 저마다 다르다. 어떤 이는 세상과 타인을 탓하고 불평을 쏟으며 그냥 그렇게 살아간다. 어떤 이는 상황을 직시하고 개선점을 찾아 끊임없이 도전한다. 내게 찾아온 결핍을 대하는 태도가 미래의 모든 것을 결정한다.

'사람은 변하지 않는다'라는 말이 있다. 그러나 삶을 위태롭게 하는 결핍이 생겼을 때 그것에 어떻게 대처하느냐에 따라 사람은 크게 달라질 수 있다. 그녀는 자신이 겪었던 결핍의 크기만큼 삶을 성공으로 이끌었다.

〈인클〉에서 온라인 부동산 강의를 하기로 협의하고 우리는 헤어졌다. 대화하는 내내 그녀의 얼굴에서 행복을 느낄 수 있었다. 역경과 결핍을 극복한 자만이 가질 수 있는 삶의 충만함을 발견할 수 있었다. 참 멋진 그녀를 응원한다.

내 나이 55살,
나이 드는 게 좋은
3가지 이유

—

⬤ 지금 행복한가요?

10년 넘게 은퇴와 관련한 상담을 하면서 다양한 사람을 만났다. 안고 있는 고민과 문제도 참 여러 가지다. 올해 초에 내담하러 오셨던 분은 수입과 관련한 고민을 털어놓았다.

"강남에 집 한 채 있고 마포에 한 채랑 작은 건물 하나가 있는데, 월세가 500만 원밖에 안 나와서 고민입니다. 최소 1천만 원 이상 임대 수익이 필요한데 말이에요."

한 달 전에 오신 분은 행복에 관해서 이야기했다.

"서울 집을 팔고 춘천에 가서 작은 빌라 하나랑 작은 상가 하나를 샀어요. 월세도 150만 원이나 나와서 참 행복해요."

위에서 소개한 두 분의 재산은 약 10배 정도 차이가 난다. 당신이 보기에 누가 더 행복해 보이는가?

이미 많은 것을 가지고 있으면서도 더 가지지 못해 불평하는 사람을 만나면 마음이 불편하다. 반면 가진 게 많지 않지만 자신의 삶에 만족하는 사람을 만나면 나도 덩달아 기분이 맑아진다. 행복은 선택의 문제다. 내가 가진 것을 어떻게 받아들이느냐에 따라 행복이 결정된다.

'나이 듦'에 대해서는 어떻게 생각하는가? 대체로 긍정적이기보다는 부정적인 시각으로 바라볼 것이다. 실제로 우리나라 자살률은 OECD 국가 중에서 가장 높은데, 나이가 들수록 자살률이 급격하게 높아지는 특이한 현상을 보인다. 우리나라 사람들이 나이를 먹을수록 우울감이 커지고 사회적으로 고립된다는 뜻이다.

그런데 나는 나이가 들어가는 게 참 좋다. 나이를 먹을수록 더 행복하다. 생각을 조금만 바꾸면 누구나 지금보다 더 행복하게 살 수 있다. 내가 처한 상황과 현실에 대한 시각을 조금만 바꾸어 보자.

내가 나이가 들수록 행복한 이유는 세 가지
다. 당신도 잊고 있던 행복을 내 것으로 만들기
바란다.

내가 나이 들수록 더 행복한
이유 3가지

첫째, 삶이 평온하다.

20대, 30대, 40대에는 참 많이 방황했고 마음고생도 많
이 했다. 갈팡질팡했고, 크고 작은 유혹에 흔들렸다. 욕망이
가득해서 불만도 많았다.

이제 50대 중반에 이른 나. 중심이 조금씩 잡혀 간다. 세
상의 유혹에 덜 흔들린다. 욕망이 줄어든 만큼 불만도 줄었
다. 그래서 나이를 먹을수록 평온함을 느낀다. 덜 흔들리는
지금의 내 나이가 참 좋다.

둘째, 삶이 투명해졌다.

나이가 들면 체력이 조금씩 떨어진다. 체력이 떨어지면
열정이 줄어들고 할 수 있는 일도 줄어든다. 하지만 작아지고

줄어드는 것이 꼭 슬픈 일은 아니다.

선택지가 많을 때 사람은 갈등을 겪고 스트레스를 많이 받는다고 한다. 나이가 든다는 것은 선택지가 줄어드는 것이다. 때문에 갈등과 스트레스도 줄어든다. 결국 내가 지금 할 수 있는 것들이 단순하고 명확해진다. 그래서 방황하지 않고 갈등하지 않으며 내 삶에 더 집중할 수 있다. 그래서 삶이 투명해진다. 일상이 투명하기 때문에 실수도 덜 하게 된다. 그래서 나이 드는 게 좋다.

셋째, 나를 더 사랑하게 된다.

나이가 든다는 것은 살아온 날만큼이나 나를 더 잘 알게 되었음을 뜻한다. 내가 좋아하는 옷, 음식, 사람, 음악, 영화, 운동……. 내 취향, 나의 성향, 흥미로운 것들……. 나를 더 잘 알기에 나를 더 사랑할 수 있다. 그래서 나이 드는 게 좋다.

짐을 하나씩 내려놓을 때, 행복은 한 칸씩 올라간다

나이를 먹게 되면 삶의 짐을 하나씩 내려놓게 된다.

50~60대가 되면 자식들도 다 커서 자기 앞가림은 한다. 부모로서의 짐을 어느 정도 내려 놓을 수 있다.

　인간관계에서도 짐을 하나씩 내려놓는다. 사회 생활을 하다 보면 상사, 동료, 부하 직원, 거래처 직원 등 싫은 사람들과도 어울려야 한다. 먹고살 기 위해서 어쩔 수 없이 해야 하는 선택들이었 다. 은퇴하면 더 이상 싫은 사람을 보지 않아 도 된다. 나에게 맞는 사람을 선택해서 만날 수 있다.

　어머니는 사교성이 좋다. 예전에는 어머니 수첩에 적혀 있는 친목회 회원의 이름이 100명을 넘었다. 모임에 나가서 사람들과 어울리면 즐거운 일도 많지만, 시기와 질투, 미움도 생겨나기 마련이다. 모임에 다녀오셔서 붉으락푸르락할 때 도 더러 있었다.

　여든을 넘기신 어머니는 일흔을 넘어서면서부터 친구를 많이 내려놓으셨다. 지금은 마음에 딱 맞는 서너 명의 친구만 만나신다. 외출하고 돌아오시면 소녀처럼 밝은 미소를 지으 신다. 참 예쁘다.

나이가 든다는 건 내 안의 욕심, 욕망, 의무, 관계를 하나씩 내려놓는 것이다. 그걸 내려놓지 못하면 추해진다. 내 어깨의 짐이 가벼울수록 삶이 더 가벼워진다.

나이가 든다는 건 참 행복한 일이다.

살고 싶었다,
그래서
인천행 새벽 기차를 탔다

—

"저는 꼭 성공하고 싶습니다. 나의 자신 감은 하늘보다 높습니다. 나는 생각하는 모든 것을 현실로 만드는 힘이 있습니다."

2003년 12월, 창밖에는 눈이 내리고 있었다. 나는 사람들 앞에서 아주 큰 소리로 외치고 있었다. 그들은 나의 말을 아주 진지하게 들어 주었다. 나는 할 수 있는 가장 큰 소리로 외쳤다.

"꼭 성공하겠습니다! 감사합니다!"

발표가 끝나자 사람들이 환호했다. 모두 일어서서 기립 박수를 쳐 주었다.

누군가 이 상황을 본다면 사이비 단체의

종교 의식이라고 생각했을 것이다.

그로부터 불과 한 달 전, 나는 자살 시도를 했다. 몸과 마음이 더 이상 어떻게 해 볼 수 없을 정도로 피폐해져 있었다. 나는 진정 죽고 싶었던가? 아니, 살고 싶었다. 살아야만 했다. '엄마를 잘 부탁한다'는 아버지의 마지막 유언 때문이었다. 그러나 마음과는 달리 자신감과 자존감은 심연의 바닷속보다 더 깊이 가라앉아 있었다. 모든 것을 포기하고 폐인처럼 살고 있었다.

그 무렵 우연히 신문에 실린 광고가 눈에 들어왔다.

'잃어버린 당신의 자신감을 한 달 내에 찾아 드립니다.'

평소 같았으면 그런 광고 문구를 보고도 지나쳤을 것이다. 하지만 당시 나는 무척 절실했다. 지푸라기라도 잡는 심정으로 그곳을 찾아갔다. 학원은 인천의 4층짜리 건물 3층에 있었다. 문을 열고 들어가자 원장으로 보이는 40대 남성이 반갑게 맞아 주었다.

"전화했던 사람입니다."

"잘 오셨어요. 여기 앉으세요."

"많이 힘듭니다. 희망이 없어요. 죽고 싶습니다."

"많은 사람이 힘들어하고 있지요."

"제가 다시 예전처럼 살 수 있을까요?"

"물론입니다. 저를 믿고 함께 해 봐요."

나는 그 자리에서 바로 등록했다.

수업은 매주 일요일 오전 7시부터 12시까지 5시간 동안 진행되었고, 총 3개월 과정이었다.

일요일 새벽 5시에 눈을 뜬다. 허름한 영등포 고시원에서 나와 인천 가는 전철을 탄다. 강의실에 도착한다. 15명 정도의 사람들이 강의실에 앉아 있다. 잠시 뒤 원장이 들어오고 바로 수업을 시작한다.

프로그램은 매우 단순하다. 한 사람씩 앞으로 나가서 사명 선언서를 큰 소리로 외친다. 그다음 학원에서 제공한 책을 두 장씩 읽는다. 내용은 자존감과 자신감 회복에 도움이 될 만한 명언들이다. 그런데 앉아서 듣는 사람들의 반응이 놀랍다. 그들은 발표자가 말하는 것을 듣기만 하는 것이 아니다. 발표자가 한 문장을 읽을 때마다 이렇게 외친다.

"당신은 멋집니다!"

"당신은 할 수 있습니다!"

"당신을 믿습니다!"

"당신은 꼭 해낼 겁니다!"

"당신은 꼭 성공합니다!"

이렇게 모두 함께 큰 소리로 응원해 준다. 나도 엉겁결에 그들을 따라 하고 있다. 한 사람이 발표를 끝내면 다음 사람이 나와서 똑같은 과정을 반복한다.

뒷자리에 앉아 그 모습을 지켜보면서 나는 적지 않은 충격에 빠졌다. 어쩌면 저렇게 스스럼없이 외칠 수 있을까? 그들이 부러웠다. 한 사람 한 사람의 열정적인 발표가 이어지는 동안 어느새 내 심장도 뛰고 있었다. 그렇게 두 시간이 지나고 20분의 휴식이 주어졌다.

긴장한 탓인지 갈증이 심했다. 나는 휴게실에서 종이컵에 물을 따라 연거푸 마셨다.

"오늘 처음 오셨죠?"

누군가 뒤에서 말을 걸어왔다. 돌아보니, 50대 중반의 남성이 서 있었다.

"네, 오늘 처음 왔습니다."

"어리둥절하셨죠? 저도 처음 왔을 때 그랬습니다."

"아, 네."

"저는 자살을 시도하고 인생의 막바지에서 이곳을 만났어요."

"정말요? 얼마나 되셨는데요?"

"전 2개월째예요. 그런데 기적이 일어났어요."

"무슨 기적이요?"

"전 이제 슈퍼맨이 된 것 같아요. 무엇이든 할 수 있다는 자신감과 자존감을 되찾았어요."

"정말입니까? 2개월 만에 그렇게 바뀔 수 있나요?"

"네, 그럼요. 지금 많이 힘드실 거예요. 그래도 포기하지 말고 꾸준히 나오세요."

그 뒤로 매주 일요일 1호선 인천행 새벽 전철을 탔다.

절망에서 빠져나오고 시련을 극복하기 위한 여러 가지 길이 있을 것이다. 어떤 사람에게는 그 학원에서 소리나 빽빽 지르고 타인의 응원을 받는 그 행위가 일종의 최면으로 여겨질 것이다. 하지만 그렇게라도 해서 살고 싶다는 그들의 절박함을 어떻게 폄하할 수 있겠는가. 아무것도 하지 않은 채 절망의 구렁텅이 속에서 웅크리고 있는 사람보다 그들은 훨씬 용감한 사람들이었고, 나 역시 그들 중 하나였다.

2004년 1월 4일, 새벽 5시에 눈을 떴다. 새해 첫 일요일이었다. 고시원 창문을 열었다. 소한을 앞둔 1월의 새벽 찬바람이 거세게 불고 있었다. 그러나 내 심장은 뜨겁게 뛰고 있었다. 찬물로 세수를 하고 라면을 끓여 먹었다. 고시원을 나와 인천으로 가는 기차를 탔다. 창밖으로 멀리 해가 떠오르고 있었다. 인천행 새벽 기차는 생명의 불씨가 꺼져 가던 나를 새로운 희망의 불씨가 있는 곳으로 데려다주고 있었다.

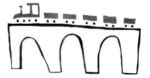

내 인생을
극적으로 바꾼
단 한마디

—

"우리 회사로 이직하려는 이유가 뭐죠?"

"아, 네, 그러니까……."

지방에서 직장에 다닐 때였다. 당시 36살이었던 나는 고향인 서울로 가고 싶었다.

서울에 있는 직장으로 이직하려고 경력직 면접을 봤다. 면접관은 이것저것 질문을 했다. 나는 제대로 답을 하지 못한 채 식은땀을 흘리고 말을 더듬으며 사시나무 떨듯 떨었다. 무슨 질문을 받았는지도, 무슨 답변을 했는지도 전혀 기억나지 않는다. 큰 용기를 내서 면접을 봤지만, 완벽한 실패로 끝났다. 그 뒤로도 직장을 옮기고 싶은 마음이 굴뚝

같았지만, 면접에 대한 두려움 때문에 번번이 포기했다.

나는 심각한 대인기피증이 있었다. 초등학교 4학년 때의 국어 시간은 공포 그 자체였다. 선생님은 한 명씩 돌아가면서 한 페이지씩 읽기를 시켰는데, 나는 내 차례가 돌아오기 일주일 전부터 바짝 얼어붙고 말았다. 친구들 앞에서 어떻게 책을 읽지? 이런 나의 성격은 어른이 되어서도 바뀌지 않았다.

39살 때 만난 한 사람이 건넨 단 한마디가 내 인생을 바꾸었다. 사회에서 만난 고등학교 선배였다. 선배는 당시에 조그마한 상가 건물을 사려고 알아보고 있었다. 그 선배로부터 전화가 왔다.

"내가 상가 건물 알아보고 있다고 했잖아."

"네, 좀 알아보셨어요?"

"응, 괜찮은 걸 찾았는데, 자네가 자세히 분석 좀 해 줘."

"네, 당연히 해 드려야지요. 주소, 매도 가격, 임대 현황을 알려 주세요."

이틀 뒤에 선배와 만났다. 해당 상가 건물에 대해 간단하게 브리핑을 했다. 10분 정도 내 설명을 들은 선배가 말했다.

"야, 자네 발표 정말 잘한다. 강사 하면 틀림없이 성공할 거야."

내가 발표를 잘한다고? 태어나서 그런 칭찬은 처음이었다. 선배의 그 한마디에 약간의 자신감을 얻었다.

그 선배를 만나기 한 달 전, 국민은행 지점장에게 상가 투자와 관련한 설명을 한 적이 있었다. 그때도 지점장은 내 말을 다 들은 뒤 말했다.

"고맙습니다. 도움이 많이 되었어요. 저희 지점 직원들에게 상가 투자 관련해서 강의 좀 해 주시면 안 될까요?"

나는 내 능력 밖의 일이라고 생각했다. 남들 앞에서 발표하는 것은 죽기보다 싫었다. 손사래를 치면서 못한다고 거절했다. 그런데 강의를 잘한다는 선배의 칭찬에 용기가 생겼다. 나는 그 지점장에게 연락해서 전에 부탁했던 강의를 해 보겠다고 이야기했다. 2주일 뒤 약 30분 분량으로 강의하기로 했다.

강의안을 준비하고 연습을 했다. 하루에 20번 이상을 했다. 잠자고 밥 먹는 시간 빼고 하루 종일 매달렸다. 그랬는데도 발표 당일 어찌나 떨리던지. 무섭고 두려웠다. 괜한 호기를 부렸다는 생각이 밀려왔다.

그러나 예전과는 확실히 달랐다. 선배의 칭찬이 나의 자존감을 높여 준 것일까. 나는 2주 동안 준비한 대로 차근차근

힘이 되는 한마디로 인해

잠시 멈추어 있던 내 안의 엔진이 점화된다.

타인의 삶에 피가 돌게 하는

한마디를 건네듯,

        자신을 칭찬해 보라.

가슴속 어딘가가

꿈틀거리는 것을 느낄 것이다.

강의를 진행했다.

드디어 30분 동안의 강의가 끝났다.

"이상으로 마치겠습니다. 끝까지 들어 주셔서 감사합니다."

마무리 인사를 끝낸 뒤 2~3초간 정적이 흘렀다. 나는 발표를 망쳤다는 생각에 눈을 감아 버렸다. 그런데 순간, 큰 박수 소리가 들려왔다. 눈을 떴을 때, 환하게 웃으며 나를 향해 손뼉을 치는 직원들의 모습이 보였다. 한 사람씩 다가와 인사를 건넸다.

"오늘 강의 정말 도움이 되었어요."

"궁금했던 건데 속 시원하게 해결되었어요."

"잘 들었습니다. 감사합니다."

선배의 칭찬 한마디로 시작된 그 일이 내 인생에 극적인 반전을 일으켰다. 그 뒤로 사람들 앞에 서는 일에 조금씩 자신감이 붙었다. 그렇게 강사의 길로 들어섰다. 그리고 여기까지 올 수 있었다.

'칭찬은 고래도 춤추게 한다'는 말이 있다. 그렇다. 진짜 그랬다. 선배의 칭찬 한마디가 40년 가까이 굳어 있던 내 몸이 춤을 추게 만들었다.

"말에 재능이 있네요."

"글을 잘 쓰시네요."

"옷을 잘 입으세요."

이처럼 사소해 보이는 한마디의 칭찬이 누군가의 인생을 바꾸는 큰 힘이 된다.

괴테는 이런 말을 남겼다.

'타인의 장점을 발견할 줄 알아야 하며, 칭찬할 줄도 알아야 한다. 그것은 남을 자기와 동등한 인격으로 생각한다는 의미를 갖는 것이다.'

오늘 만나는 누군가에게 진심 어린 칭찬을 해 주리라.

그도 나처럼 굳은 몸을 깨고 자유롭게 춤을 출지도 모르니까.

누군가가 던진 칭찬 한마디에 내 영혼이 깨어나는 건

내가 잊고 있었던 나를 그가 발견해 주었기 때문이다.

성공의 모든 비밀,
다섯 글자에
담겨 있다

—

세상은 아는 만큼 보인다고 한다. 내 나이 마흔에 적지 않은 세월을 살았지만, 그때는 아는 게 별로 없었다. 당시 나는 부족함을 채우려 여러 가지 강의를 찾아 기웃거렸다. 경영 전략, 마케팅, 재테크, 글쓰기, 스피치 등등. 한번은 강남에서 하는 마케팅 강의를 들었다. 강의를 들으면서 강사가 참 유식하다는 생각을 했다.

내 옆자리에는 40대 초반으로 보이는 남자가 앉아 있었다. 나와 연배가 비슷한 것 같아서 쉬는 시간에 같이 커피를 마시면서 이야기를 나누었다. 마케팅 강의는 5주 프로그램이었다. 5주째 강의가 끝나고 그와 같이 저녁을 먹었다. 그는 작은 회사의 대표였다. 이런저런 얘기를 하다가 강사에 대한 이야기가 나왔다.

"마케팅 강사님 정말 아는 게 많은 것 같아요. 전 저분처럼 되기는 힘들 것 같습니다."

내 말에 그가 이렇게 말했다.

"물론 강사님 훌륭하죠. 하지만 단지 우리보다 먼저 시작했을 뿐이에요. 전 그분보다 더 잘 해낼 자신 있어요."

저런 자신감은 어디에서 나올까? 난 그의 말을 허세라고 생각했다.

1년 정도 지난 뒤 그의 사무실에 찾아갔다. 회사 매출이 전년 대비 2배 이상 올랐다고 했다. 허세가 아니었다. 마케팅 강사는 이론에 정통했지만, 그는 배운 것을 현장에 적용하여 뛰어난 성과를 만들어 냈다. 나는 자신의 말을 지킨 그가 대단해 보여서 물었다.

"어떻게 그렇게 자신할 수 있었죠? 가르침을 준 강사보다 더 잘할 수 있다는 확신이 있었나요?"

그는 말없이 왼쪽 벽을 가리켰다. 액자가 보였다. 거기에는 딱 다섯 글자가 적혀 있었다.

"별거 없어요. 바로 저것 때문입니다."

액자에 적힌 글자는 '일체유심조一切唯心造'였다. 모든 것은 마음먹기에 달렸다는 뜻.

"전 저 말을 믿어요. 살면서 수없이 경험했습니다. 내가 믿는 대로 된다는 걸."

지식이나 정보는 마음만 먹으면 얼마든지 내 것으로 만들 수 있다. 중요한 건 내 마음의 자세다. 마음먹기에 달렸다.

부동산 재테크 강의를 할 때 수강생의 자세를 보면 그의 미래가 보인다. 그리고 시간이 지나면 그 예측은 거의 맞아떨어진다. 수강생의 자세는 크게 두 부류로 나뉜다.

첫째, 자신을 믿지 못하고 행동으로 옮기지 않는 사람. 이 부류의 사람들은 자기신뢰가 약하다. 누가 뭐라고 하지도 않았는데, 스스로 자신의 한계를 정해 버린다.

"제가 그걸 하는 건 무리예요."

"예전에도 해 봤는데 잘 안 됐어요."

"자신이 없어요. 두려워요."

이런 마음 때문에 아는 것이 행동으로 이어지지 않는다. 어렵게 용기를 내어 시도했다 해도 작은 난관에 부딪히면 쉽게 포기한다.

둘째, 자신을 믿고 행동으로 옮기는 사람. 이런 사람들은 자존감이 강하고 자기신뢰도 강하다. 강의를 하면서 성공 사례를 보여 주면 이렇게 말한다.

"저도 충분히 잘 해낼 수 있어요."

"바로 시작하고 싶어요. 무엇부터 하면 되죠?"

"설레요. 흥분됩니다. 빨리 시작하고 싶어요."

그렇다. 나의 미래를 어떻게 만들지는 결국 내 마음 자세에 달려 있다. 꼭 기억하자. 아니, 마음 깊이 새기자. 내 세포 하나하나에 각인시키자.

'일체유심조.'

모든 것은 마음먹기에 달렸다.

내가 가질 수 있는 최고의 무기, 그 누구도 나에게서 빼앗아갈 수 없는 무기는 인맥도, 배경도, 자격증도, 학력도, 재산도 아니다. 내 마음의 '자세'다. 내 마음의 '태도'다.

내 책상 뒤에는 보물 1호인 액자가 걸려 있다. 나는 유약하고 자주 흔들리지만, 그것이 나를 강하게, 흔들리지 않게 잡아 준다.

누구나 자기만의 삶의 방식과 속도가 있다. 자신만의 삶의 방식과 속도에 '일체유심조'를 보태자. 그러면 이전과는 다른 삶, 다른 결과를 맞이하게 될 것이다.

　매일 아침 나는 그 글자를 10번씩 읽고 쓴다. 내가 발견하고 경험한 인생의 절대 법칙이다.

　일체유심조

　一切唯心造

3년 만에
연 매출 1,000억의
회사를 만들다

—

1986년, 대학 입시에 턱걸이로 간신히 입학했다. 매일 아들의 합격을 위해 기도하면서도 성적이 형편없어서 크게 기대는 안 하셨던 어머니는 눈물을 흘리며 기뻐했다. 뜻밖의 낭보에 여기저기 전화해서 아들의 합격 소식을 전했다.

그러나 합격의 기쁨도 잠시, 당장 대학 등록금을 마련해야 하는 걱정이 몰려왔다. 당시 아버지 월급으로는 네 식구 생활하기에도 빠듯했고, 약간의 빚도 있었다.

고등학교 졸업을 전후해서 2개의 아르바이트를 했지만 돈을 모으지 못했다. 돈이 생기니 새 옷도 사고 싶고 놀러 다니고도 싶었다. 부모님 부담을 줄여 드리자는 효심과 이제 성인이니 좀 즐겨 보자는 두 개의 마음이 서로 싸웠다. 결국 효심이 졌다. 그래서 아르바이트를 해서 번 돈은 등록금 마련하는 데 보탬이 되지 못했다. 어머니는 사방팔방으로 돈을 빌리러 다니셨다. 부모님께 미안하고 죄스러운 마음이 컸다.

중학교 동창을 만났다.

"아르바이트를 했는데도 등록금에 턱없이 부족해서 걱정이야."

"우리 누나가 졸업식, 입학식 시즌에 양재동에서 꽃을 싸게 사서 파는데, 꽤 벌어."

"그래? 얼마나 버는데?"

"학교 입학식, 졸업식 시즌에는 한 달에 100만 원도 넘게 벌어."

"정말?"

1986년 당시 대학 등록금이 50만 원 정도였다. 100만 원이면 엄청나게 큰돈이었다.

졸업식 시즌은 지나갔지만 입학식 시즌이 다가오고 있었다. 친구 누나를 졸라서 꽃 장사하는 방법을 물어보았다. 내가 기특했는지 친절하게 가르쳐 주었다.

나는 아르바이트로 모은 돈과 돼지저금통을 깬 돈으로 약 7만 원의 사업 자금을 마련했다. 이른 새벽 양재동 꽃 도매시장에 가서 꽃을 사 왔다. 그날 저녁 밤새도록 포장지로 꽃을 포장하는 연습을 했다. 또 하나 중요한 일이 있었다. 그건 "꽃 사세요"라고 외치는 연습이었다. 연습을 하기는 했지만, 사람들 앞에서 잘할 수 있을지 걱정이 컸다.

다음 날 아침 일찍 손수레에 꽃과 준비물을 담고 입학식을 하는 중학교로 향했다. 도착하니, 8시쯤이었다. 꽃을 팔러 나온 사람들이 이미 좋은 자리를 차지하고 있었다. 정문에서 멀리 떨어진, 그리 좋지 않은 자리를 겨우 잡았다. 일단 준비해 간 돗자리를 펼치고 그 위에 꽃을 펼쳐 놓았다. 서둘러 꽃다발 모양을 갖추어서 포장하기 시작했다.

내 옆자리에서는 30대 여성이 꽃을 팔고 있었다. 누가 봐도 내가 포장한 꽃다발보다 훨씬 세련되고 예쁘게 포장했다.

"오늘 새벽에 가지고 온 싱싱한 꽃이에요. 다른 데보다 가격이 싸요. 꽃도 많이 들어 있어요. 구경하고 가세요."

그녀는 큰 소리로 지나가는 사람들에게 외쳤다. 사람들이 한두 명씩 모여들었다. 그녀는 장사 수완이 꽤 좋았다.

나도 사람들의 시선을 끌기 위해 "꽃 사세요"라고 말했지만 내 목소리는 모깃소리만큼이나 작았다. 속으로는 크게 외치고 싶었지만 그게 마음대로 잘 안 되었다. 지금도 그렇지만 당시에도 나는 내성적인 성격이었다.

입학식은 이미 시작되었고, 내 옆의 여자는 꽃을 모두 팔고 정리하고 있었다. 그때까지 나는 겨우 5개 정도를 팔았다. 그나마도 팔 수 있었던 것은 학생이 어설프게 장사를 하는 게 기특해서 사 준 덕분이었다.

그나저나 꽃다발은 50개나 남아 있었다. 큰일이었다. 이렇게 끝나면 투자금을 몽땅 날릴 판이었다.

"학생, 내가 도와줄까요?"

옆에서 꽃을 팔던 여성이 말을 걸어왔다. 순간, 고민했다. 괜찮다고 할까, 도와달라고 할까? 체면이고 뭐고 없었다. 우선은 뭐라도 건져야 했다.

"아, 네. 도와주시면 감사하겠습니다."

"일단 입학식이 시작해서 손님이 별로 없을 거예요. 싸게라도 처분하는 게 나아요."

그녀는 할인된 가격을 매직으로 써서 꽃다발 앞에 두었다.

"꽃 사세요. 50퍼센트 할인합니다. 여기서 가장 싸요. 와서 구경하세요."

그녀가 나 대신 큰 소리로 외쳤다. 효과가 있었다. 한 명 두 명 사람들이 관심을 갖고 다가왔다. 30분도 안 되어서 50개 정도의 꽃다발을 모두 팔았다. 정산해 보니 8만 원이었다. 7만 원 투자해서 그녀 덕분에 그나마 손해 없이 1만 원이라도 벌었다.

"감사합니다. 정말 감사합니다."

"꽃 장사 처음이죠?"

"네, 처음 해 봅니다. 생각보다 어렵네요."

"다음부터는 일찍 와서 자리 잡고, 꽃 포장하는 연습도 더 해요. 그리고 무엇보다도 큰 소리로 사람들에게 외치는 용기가 필요해요."

"네, 감사합니다. 정말 감사합니다."

나는 그녀에게 머리가 땅에 닿도록 허리를 굽혀 인사했다.

그 뒤로 그녀가 알려 준 대로 했다. 이전보다 판매 실적이 많이 좋아졌다. 그렇게 1986년 3월의 입학식 시즌에 5군데를 돌며 꽃 장사를 했다.

처음 시작할 때 자본금이 7만 원이었다. 총 5번의 꽃 장사로 50만 원을 만들었다. 마지막 날 저녁 아버지와 어머니

속옷을 사서 집으로 갔다. 좋아하실 부모님 얼굴을 생각하니 마음이 뿌듯했다. 그해 내 힘으로 등록금을 마련하지는 못했지만, 용돈과 책값은 해결했다. 나 자신이 참 대견했다.

지금 나는 새로운 사업에 도전 중이다. 〈인클〉이라는 이름의 '40·50대를 위한 인생 2막 클래스' 동영상 플랫폼 사업이다. 매달 많은 돈이 투입되고 있다. 그러나 아직 매출은 미미하다. 적자폭도 상당히 크다. 두렵다. 그렇지만 이 도전을 멈추지 않을 것이다.

1986년 당시 꽃을 팔던 스무 살의 나를 회상한다. 무모했지만, 자본금 대비 6배 이상의 돈을 벌었다. 지금 내가 하는 사업을 시작할 때 주변의 지인들이 말렸다. 그러나 나는 계속 도전할 것이다. 두려움도 있지만, 〈인클〉이 성장하는 데 닥쳐오는 문제를 해결하는 것에 집중하고 있다.

20살에 꽃 장사를 할 때 나는 아주 절실했다. 그래서 성공했다.

55살 나의 도전은 무모하지만은 않다. 나름 많이 준비했다. 지금 나에게 부족한 건 20살 때의 절실함과 용기다.

나는 〈인클〉의 성공을 믿는다.

3년 뒤 내 블로그에 이런 글을 남기고 싶다.

'많은 어려움이 있었지만, 〈인클〉은 3년 만에 연 매출 1,000억 원의 회사가 되었습니다.'

무언가를 이루겠다는 꿈과 기대를 가진 사람은

벅찬 마음으로 미래를 기다린다.

1평 고시원
손바닥만 한 창문으로 본
세상

—

30대 후반 모든 것을 잃은 뒤 하루 종일 죽음만 생각했다. 세상을 등지고 싶었다. 노숙 생활을 시작했다. 식음을 전폐했다. 그렇게 삶이 끝나기를 기다렸다.

"동생, 나랑 내일 새벽에 영등포 인력 사무실에 함께 가자."

근처에서 노숙하던 40대 초반의 형님이 함께 막노동을 하자고 제안했다. 그 형님도 나처럼 삶의 끈을 놓아 버렸기에 일하는 걸 싫어했다. 하지만 고향의 아버지 산소에 갈 때면 몇 푼이라도 쥐고 가야 해서 며칠 정도 일을 하고는 했다.

다음 날 새벽 4시경에 함께 영등포 인력 사무실로 갔다. 거기서 30분 정도 기다렸다.

"갈현동 주택 철거 현장 3명. 일 나가실 분!"

형님이 손을 번쩍 들었다. 그렇게 형님과 함께 일을 나갔다.

하루 종일 큰 해머로 부수고 나르고를 반복했다. 오랜만에 일을 해서인지 힘들어서 중간에 포기하고 싶었다.

그날 일을 마친 뒤 소개 수수료를 떼고 6만 원을 손에 쥐었다. 당시의 나에게는 정말 큰돈이었다. 목욕한 지 두 달이 넘어서 목욕탕에 갔다. 거울 앞에 선 내 모습이 괜찮아 보였다.

목욕을 마친 뒤에는 국밥 한 그릇을 먹었다. 몇 달 만에 맛보는 따뜻한 국물과 밥이었다. 숟가락으로 국물을 떠서 입에 넣었다. 따뜻하고 구수한 국물이 식도를 타고 내려가는 게 느껴졌다. 천상의 맛이 있다면, 바로 그 맛이었다.

입고 다닌 바지랑 티셔츠가 헤져 있었다. 더럽고 냄새도 났다. 재래시장에서 2만 원 주고 바지와 티셔츠를 샀다. 다시 거울 앞에 섰다. 꽤 괜찮아 보였다. 오랜만에 보는 얼굴이 낯설었다. 그날 난 노숙 생활을 벗어나겠다고 마음먹었다.

다음 날부터 매일 새벽에 인력 시장으로 나갔다. 그렇게 돈을 모아서 고시원에 들어갔다. 한 달 입실비가 18만 원이었다. 양쪽 폭이 1미터 정도 되는, 창문도 없는 아주 작은 방이었다. 누군가 코를 골면 바로 옆에서 들리는 것 같았다. 그래도 나만의 공간이 생겼다는 사실이 너무나 행복했다.

그렇게 6개월이 지났다. 내가 머무는 고시원에도 창문이 있는 방이 있었다. 방 크기는 비슷하지만 창문이 있는 방은 23만 원으로, 5만 원이 비쌌다. 조금 사치를 부리고 싶었다. 7개월째에 5만 원을 더 내고 창문 있는 방으로 옮겼다.

창문은 손바닥 두 개 정도 크기였다. 계절은 가을이었다. 창문을 열었다. 손바닥 크기만 한 하늘을 갖게 되었다. 그 창문은 고시원과 바깥세상을 연결하는 유일한 통로였다. 창문 가까이 얼굴을 가져갔다. 가을바람이 얼굴을 스치고 지나갔다. 천국이 있다면, 바로 그곳이었다.

매일 아침 눈을 뜨면 그 작은 창문으로 바깥세상을 만났다. 참 행복했다. 그 손바닥만 한 창문으로 희망도 함께 왔다. 그렇게 다시 일어설 수 있었다.

15년이 지난 지금도 그때의 그 작은 창문을 잊을 수 없다. 내가 누리고 있는 것 중에 당연한 것은 아무것도 없다. 모든 것이 축복이고 기적이다. 모든 것이 감사하고 행복하다.

지금 나는 내 사무실 방에 있다. 책상 오른쪽에 커다란 창이 있다. 15년 전 고시원의 작은 창문을 떠올리며 얼굴을 가까이 댔다. 눈을 감았다. 15년 전 그때의 가을바람이 시간을 건너뛰고 불어온다. 눈물이 난다. 너무 행복해서…….

Chapter 3

공부하고,
나 누 고,
행복하라

성공을 만드는

삶의

조각들

남 몰래 먹었던
컵라면과
밥 한 줌

—

"직원들 점심값은 지원하지 않는 게 좋겠습니다."

"아닙니다. 저는 직원들 점심은 꼭 챙겨주고 싶습니다."

1년 전 직원 6명을 충원했다. 노무 컨설팅 업체와 직원의 후생 복지를 논의하던 중에 점심 식사비와 관련한 이야기가 나왔다. 컨설턴트는 점심값을 지원하지 않는 게 좋겠다고 조언했다. 그러나 나는 반대했다. 힘들었던 한때의 기억 때문이다.

2005년경 나는 한 기업 대표의 차를 모는

운전기사로 일했다. 새벽 5시면 어김없이 알람 소리에 눈을 떴다. 내가 눈을 뜬 곳은 1평 남짓한 고시원 방이었다. 겨울의 찬 기운이 방 안에 가득했다. 내 몸도 시간도 희망도 얼어 있었다.

밤새 언 몸을 녹이기 위해 라면을 끓였다. 계란이라도 넣으면 좋으련만 그럴 형편이 안 되었다. 라면 하나도 감지덕지였다.

라면이 끓어오르기 시작할 때면 몸이 먼저 반응했다. 입 안에 침이 고였다. 따뜻한 국물 한 숟갈을 떠먹으면 그제야 온몸에 온기가 전해졌다. 얼어붙은 몸과 허기진 배를 라면으로 해결하고 집을 나섰다.

아침 7시에 지하철을 타고 사장님의 집으로 향했다. 사장님은 항상 8시경에 회사로 나섰다. 나는 7시 30분 전에 사장님 집에 도착해 차 안팎을 깨끗하게 닦고 시동을 켜서 차 안을 따뜻하게 데워 놓아야 했다.

사장님을 회사에 모셔다 드리고 나면 그때부터 고된 일이 시작되었다. 회사 내에 있는 세차장에서 물로 세차를 했다. 세차가 끝나면 왁스로 광을 냈다. 세차하고 광을 내기까지 1시간 이상이 걸렸다. 사장님은 워낙 깔끔한 분이라 차가 조금이라도 지저분한 걸 용납하지 않았다. 차를 닦고 나면 추운 겨울인데도 온몸에 땀이 흥건했다.

그다음 업무는 회사 마당에서 키우는 사장님의 개 두 마리를 산책시키는 것이었다. 젊고 건강한 진돗개들이라 산책을 시키는 동안 거의 끌려다니다시피 했다. 매일 1시간 이상 산책을 시켜야 했다.

산책에서 돌아오면 개집과 주변을 청소했다. 밤새 싸 놓은 똥오줌을 치우고 사료를 챙겨 주었다. 그렇게 오전 일과가 끝나면 거의 점심시간이 되었다. 새벽에 먹은 라면 하나의 칼로리는 금방 바닥이 났다. 내 몸에 축적된 지방을 에너지로 쓰고 있는 게 느껴졌다. 배가 너무 고팠다. 허기는 아무리 시간이 지나도 적응이 되지 않았다.

운전기사로 취업하고 첫 일주일은 총무과 직원 네 명과 함께 점심을 먹었다. 점심값은 각자 계산하거나 돌아가면서 냈다. 내게는 여윳돈이 없었다. 쓸 수 있는 현금이 늘 간당간당했다. 당시 나는 신용 불량자였기에 신용카드도 없었다. 지출에서 가장 크게 차지하는 것이 매달 감당해야 하는 사채의 원금과 이자였다. 돈이 떨어지면 출퇴근도 못할 상황이었다.

그래서 5천~6천 원 하는 밥값이 큰 부담이었다.

12시, 점심시간이 되었다.

"이 기사님, 점심 먹으러 가요."

"저는 약속이 있어서요. 먼저 드세요."

나는 둘째 주부터 총무과 직원들과 함께 식사를 하지 않았다. 아니, 할 수 없었다. 매번 5천~6천 원씩 하는 점심을 사먹을 형편이 아니었다.

직원들이 점심을 먹으러 사무실을 빠져나간 뒤에 나는 일부러 회사에서 멀리 떨어진 편의점까지 걸어갔다. 혹시나 회사 직원들의 눈에 띌까 봐 걱정이 되었기 때문이다.

회사에서 15분 정도 거리에 큰 편의점이 있었다. 편의점에 가서는 항상 먹는 싸고 양 많은 컵라면을 샀다. 컵라면 용기에 표시된 눈금을 무시하고 뜨거운 물을 가득 부었다. 국물이라도 많이 먹어서 배가 부르게 하고 싶었기 때문이다.

먼저 따뜻한 국물로 몸을 녹였다. 국물을 어느 정도 들이켠 뒤에는 고시원 주방에서 비닐봉지에 몰래 담아 온 밥을 말았다. 이렇게 먹으면 500원 정도로 제법 배부르게 먹을 수 있었다. 편의점은 꽤 커서 한쪽 구석에 컵라면이나 삼각 김밥 등을 먹을 수 있는 공간이 따로 마련되어 있었는데, 그곳에서 나

불행하고 고통스러울 때는 그 시간이 영원히 끝나지 않을 것만 같다.

하지만 우리 대부분은 그런 시간을 잘 지나왔고,

지 금 도 삶 을 이 어 가 고 있 다.

생각해 보면, 우리는 참 대단한 사람들이다.

는 누구의 눈치도 보지 않고 제법 여유로운 식사를 했다.

그런데 문제가 있었다. 약속이 있다고 둘러대는 것도 한 두 번이지 매번 그럴 수는 없었다. 그래서 총무과 직원들에게 말했다.

"죄송해요. 근처에서 친구가 근무해요. 점심은 친구와 먹을게요."

"매일 친구분하고 먹어야 해요?"

"친구가 혼자 밥을 먹어야 해서 같이 먹어 주려고요."

"네."

그렇게 나는 매일 컵라면을 먹으러 사무실에서 멀리 떨어진 편의점으로 갔다.

2년 전, 약속이 있어서 차를 몰고 가던 중이었다. 우연히 예전에 내가 항상 점심을 먹던 그 편의점을 지나가게 되었다. 얼핏 보기에도 내가 다닐 때 모습 그대로였다. 나는 차를 돌려서 편의점으로 향했다.

차 안에서 편의점을 물끄러미 바라보았다. 편의점 안에서는 40대로 보이는 남성이 컵라면을 먹으려고 물을 붓고 기다리고 있었다. 그의 얼굴과 행색에서 삶의 고단함을 느낄 수 있었다.

차를 주차하고 편의점으로 들어가서 컵라면을 샀다. 예전의 그때처럼 물을 가득 부었다. 그리고 그 남성 곁으로 가서 앉았다. 혼자 컵라면을 먹는 그가 잠시나마 외롭지 않게 해 주고 싶었다.

가까이서 본 그의 얼굴 표정은 심하게 굳어 있었다. 힘든 일을 하는지 손도 거칠어 보였다. 컵라면이 익기를 기다리면서 초점 없는 눈동자로 먼 곳을 바라보고 있었다. 그도 돈을 아끼려고 점심을 라면으로 때우는 것이겠지. 순간, 예전의 나를 보는 듯해서 애틋했다. 마음속으로 그에게 말했다.

"알아요. 지금 많이 힘드시죠? 힘내세요. 언젠가는 지금이 상황이 아름다운 추억으로 기억될 날이 올 거예요."

보잘것없는
내 인생에
반전을 만들고 싶다면

—

태어나서 28년 동안의 삶은 어찌 보면 취업을 위한 준비 기간이었다. 초·중·고·대를 거쳐 회사에 입사했다. 그때 내 나이 28살이었다.

턱걸이로 공채 시험에 겨우 합격했다. 실력이 아니라 운이었다. 내 인생에 찾아온 첫 번째 행운이었다.

가난하게 지낸 28년의 시간을 보상받고 싶었다. 먹고 싶은 것, 입고 싶은 것, 놀고 싶은 것을 억누르며 살아온 세월이었다.

첫 월급을 받자, 28년간 억눌렀던 소비

욕구가 폭발했다. 사고 싶은 것, 입고 싶은 것, 먹고 싶은 것을 마음껏 즐겼다. 입사 다음 해인 1995년에 소형차를 뽑았다. 차가 생기니까 가고 싶은 곳이 많아졌다. 주말이면 입사 동기들과 놀러 다녔다. 그때 내 사전에 '자기계발'은 없었다. 주말이면 침대와 한 몸이 되어 있거나 놀러 다녔다. 늦게까지 자고 하루 종일 TV를 보고 컴퓨터 게임을 했다. 거의 처음 느끼는 해방감을 마음껏 누렸다. 억눌렀던 욕구를 마음껏 해방시켰다.

입사한 뒤 10년 동안 책 한 권 읽지 않았다. 긴 세월 쾌락을 좇느라 미래를 전혀 준비하지 않았다. 동기들이 모두 과장으로 진급할 때 나만 평직원으로 남아 있었다. 직장에서 나는 완벽한 루저였다. 똑똑한 데다 열심히 노력까지 하는 동료들을 이길 자신이 없었다. 결국 직장에서 나와 사업에 도전했다. 직장에서 안 된 인간이 밖에서 잘될 리 없었다. 10년 넘는 시간을 허투루 보내면서 세상 물정 모르고 덤볐으니 실패는 정해진 수순이었다. 2년도 안 돼 처절하게 망했다. 당연한 결과였다.

이후 10년 동안 지옥만큼이나 고통스러운 시간이 이어

졌다. 나에게 왜 이런 시련이 닥쳤을까? 신을 참 많이 원망했다. 어느 날 지하철에서 본 한 문장에서 그 이유를 깨달았다. '가장 큰 문제는 현재의 쾌락을 좇기 위해 미래를 준비하지 않는 데 있다.' 바로 나 자신의 이야기였다. 그럼 앞으로 어떻게 해야 할까? 실패한 원인은 알겠는데, 어떻게 해야 성공할 수 있지? 답이 없었다.

며칠 뒤 일하러 가는 지하철에서 또 하나의 문구를 발견했다. 내가 그토록 찾아 헤맨 답의 힌트였다.

'우리가 반복하는 행동이 바로 우리가 누구인지 말해준다.'

아리스토텔레스의 말이었다.

머리에 번개를 맞은 것만 같았다. 그렇다. 나의 미래는 '오늘 내가 한 행동들의 합'이다. 지금의 삶에서 벗어나야 했다. 바뀌어야만 했다.

일단 내가 할 수 있는 것부터 했다. 매일 새벽 4시에 일어났다. 매일 책을 읽고 세상의 지식을 흡수했다. 주말에는 새로운 배움을 위해 다양한 강의를 들었다.

참 오랜 시간이 걸렸다. 변화를 가져오기 위해 41살 무렵에 시작한 노력들이 금세 좋은 결과를 가져다주지는 않았다.

시간이 오래 걸렸지만, 조금씩 작은 기회가 오고 성과가 나타나기 시작했다. 작은 성과들이 모여 큰 성과를 이루었다. 그렇게 내 삶이 조금씩 변화해 갔다.

이제 어느 정도 삶의 안정을 찾았다. 그러나 지금 누리는 안정도 발전을 지속하지 않으면 무너진다. 나는 그것을 30대에 처절하게 경험했다.

또다시 시작이다. 앞으로 10년. 읽고 배우며 의미 있는 행동을 하나하나 쌓아 가야 한다. 이 행동들이 내가 원하는 길로 안내해 줄 것이라고 믿는다.

55년을 살아오면서 분명한 사실 하나를 깨달았다. '내 미래는 내가 매일 한 행동의 합'이라는 것을. 죽는 그날까지 성장을 포기하고 싶지 않다. 오늘 하루, 또 어떤 의미 있는 행동을 쌓아 갈지 생각해 본다.

지금 이 순간 우리는 미래를 그리고 있다.

미래는 오늘 하루하루가 쌓인 결과물이다.

1986년 겨울, 평창동 마님을 만나다

—

1986년 내 나이 스무 살 때, 살아가면서 평생 잊을 수 없는 일을 겪었다.

대학교 1학년을 마친 뒤 휴학을 했다. 입대하기 위해서였다. 입대를 기다리며 특별히 하는 일도 없이 지루한 나날을 보냈다. 그러다가 아버지와 어머니가 주고받는 대화를 우연히 엿들었다.

"작은애 군대 갔다 오면, 학비가 걱정이네요. 지금부터라도 생활비를 더 줄여서 적금을 부어야겠어요."

그런 이야기를 듣고 가만히 있을 수는 없

었다. 군대 가기 전에 2학년 등록금이라도 마련해 놓고 가자는 생각을 했다. 곧바로 아르바이트 자리를 알아보았다.

요즘은 인터넷에서 아르바이트 자리를 손쉽게 검색할 수 있지만, 당시에는 자리 구하기가 힘들었다. 신문과 대학 학과 게시판을 열심히 들여다보면서 겨우겨우 아르바이트를 구했다.

'고소득 보장. 단기 알바. 월 100만 원 가능.'

학과 사무실 앞 게시판에 붙은 아르바이트 모집 공고를 보았다. 바로 공중전화로 달려갔다.

수세미를 파는 일이었다. 전화기 건너편의 남자는 초보자도 쉽게 할 수 있고, 노하우도 알려 주겠다고 했다. 곧바로 지하철을 타고 을지로의 사무실로 향했다. 꽤 넓은 사무실 공간의 절반 이상이 수세미로 꽉 차 있었다.

"이 수세미를 4개씩 포장해서 팔면 돼요."

"잘 팔릴까요?"

사무실 직원이 알려 준 방법은 이랬다. 우선 수세미를 4개씩 비닐 포장에 담는다. 그리고 내가 직접 손글씨로 쓴 편지를 포장지에 함께 넣는다. 그것을 집집마다 찾아다니며 일단 담 너머로 던져두는 것이다. 그리고 다음 날 찾아가 수세미를 필요로 하는 사람들에게서 돈을 받으면 된다. 모르는 사람 앞에서 꿀 먹은 벙어리가 되고 마는 내 성격에도 잘 맞는 것 같았다.

편지의 내용은 이랬다.

안녕하세요. 저는 20살 대학생입니다.

학비가 부족해서 수세미를 팔고 있습니다.

도와주시면 학비에 보태서 열심히 공부하겠습니다.

내일 오후에 찾아뵙겠습니다. 감사합니다.

지금으로서는 말도 안 되는 방법이지만, 당시만 해도 아파트보다는 일반 주택이 많았고 사람들도 인정이 있어서 제법 먹혔다.

나는 사무실에서 3시간 동안 손 편지를 200장 만들었다. 다 쓰고 나니 손목이 얼얼했다.

어느 지역으로 갈까 고민하다가 평창동으로 정했다. 당시 내가 살던 지역이 은평구여서 거리도 가깝고 부자가 많은 동네였기 때문이다.

다음 날 오전 9시에 수세미를 담은 커다란 비닐 포대를 메고 집을 나섰다. 200개가 넘는 수세미 세트가 담겨 있는 비닐 포대는 내 몸보다 컸다. 그것을 메고 평창동 주택가의 가파른 경사 길을 걸어 다녔다. 집집마다 수세미를 하나씩 담 장 너머로 던졌다. 당시 평창동에는 빌라나 아파트가 거의 없었고, 대부분 커다란 단독 주택이었다. 수세미를 던져둔 집 앞에는 분필로 브이(∨) 표시를 해 두었다.

다음 날 전날 던져둔 수세미를 회수하거나 돈을 받기 위해 다시 평창동으로 향했다.

'떵동!'

"누구세요?"

"어제 수세미 넣고 간 학생입니다."

"그런데요?"

"하나 팔아 주시면 감사하겠습니다."

이런 식으로 한 집 한 집 돌아다녔다. 벨을 눌러도 대답이 없는 집, 왜 이런 걸 허락도 없이 넣었느냐고 짜증내는 집, 마당에서 키우는 개가 수세미를 엉망으로 만들어 버린 집, 수세미가 많아서 다음에 사 주겠다는 집 등등 상황이 그때그때 달랐다.

그렇게 오후 1시가 넘었다. 100군데를 돌아다녔지만 수세미를 사 준 집은 10군데에 불과했다. 하나 팔면 500원이 떨어지는데, 10개 팔았으니 5,000원을 번 셈이었다. 오후에 10개를 팔면 하루 벌이가 1만 원이었다. 아니다. 전날 수세미를 집집마다 돌렸으니, 이틀에 1만 원을 버는 것이었다. 목표가 100만 원인데, 이런 식으로 하다가는 200일이 걸려야 목표를 이룰 수 있었다. 그래도 그날 하루 일과를 마치면서 3개월 동안 100만 원을 벌자고 야무지게 마음먹었다.

다음 날에도, 그다음 날에도 주택가에 수세미를 돌렸다. 배가 고팠다. 주택가 길모퉁이에 앉아 집에서 가져온 빵과 우유로 끼니를 때웠다. 한 달이 지났다. 그때까지 내가 번 돈은 15만 원 정도였다. 기대에 훨씬 못 미쳤다. 몸과 마음이 점점 지쳐 갔다.

그날 아침 바람소리에 일찍 잠에서 깼다. 유난히 바람이 심하고 추운 날이었다. 전날 수세미를 돌린 평창동에 회수를 하러 가야 했다. 나갈까 말까 수십 번을 고민하다가 무거운 발걸음을 옮겼다.

오전 내내 동네 곳곳을 돌아다녔다. 2월 말이었고, 날씨가 쌀쌀했다. 하루 종일 돌아다니다가 오후 5시가 되었지만, 그때까지 내가 판 것은 9개였다. 4,500원. 하루에 20개를 팔아야 그나마 목표치를 채우는데 절반에도 못 미쳐 있었다.

대문이 엄청나게 큰 저택 앞에 섰다. 마당이 초등학교 운동장만 했다. 초인종을 눌렀다. 아무런 기척이 없었다. 피곤하고 춥고 배가 고팠다. 그 집 대문 앞 한쪽 구석에 앉아 점심 때 먹다 남긴 옥수수를 먹었다. 그때 '덜컹' 하고 대문이 열렸다.

"누구쇼?"

문을 열고 나온 분은 할머니였다. 나는 벌떡 몸을 일으켜 인사를 했다.

"안녕하세요. 어제 수세미 놔두고 간 학생입니다."

"수세미?"

"네, 어제 수세미를 마당에 던져두고 갔는데 못 보셨어요?"

"아, 그 수세미. 그거 학생이 두고 간 거야?"

"네, 할머니. 학비가 없어서 아르바이트하고 있어요."

"기특하네. 열심히 사네. 잠깐 기다려 봐. 들어가서 돈 가져올게. 근데 얼마지?"

"네, 1,500원입니다."

할머니가 돈을 가지러 집으로 들어갔다가 5분쯤 뒤에 다시 나오셨다.

"지금 몇 살이야?"

"스무 살입니다."

"내 손자하고 나이가 같네."

그러면서 할머니가 나에게 봉투를 내밀었다. 내가 의아해서 물었다.

"할머니, 이 봉투는 뭐예요?"

"수세미값이야."

나는 봉투 안을 들여다보았다. 만 원짜리 지폐가 여러 장 들어 있었다.

"할머니, 천오백 원만 주시면 됩니다."

"학생 학비에 보태는 거야. 대신 공부 열심히 해서 훌륭한 사람이 되어야 해."

나는 순간 할 말을 잃었다. 여전히 어리둥절한 상태에서 인사를 했다.

"할머니, 감사합니다. 정말 감사합니다."

할머니께서는 살짝 웃어 보이고는 안으로 들어가셨다.

나는 봉투를 열어서 돈을 세어 보았다. 스물다섯 장. 25만 원이었다. 당시 등록금이 50만 원이었다. 큰돈이었다. 눈물이 났다. 사실 그동안 수세미가 잘 안 팔려서 집어치울까 생각하던 중이었다. 마음을 고쳐먹었다.

"그래, 내일부터 더 열심히 하자."

1986년 2월 초 저녁, 평창동 주택가 언덕의 날씨는 매우 쌀쌀했다. 그러나 할머니의 관심과 사랑으로 내 마음은 더없이 따뜻했다.

부자가 인색하다고들 한다. 그렇게 돈을 모으기 위해 얼마나 악착같이 살았을까 손가락질하기도 한다. 악한 부자가 되느니 착한 가난뱅이가 되겠다고 하는 사람도 보았다. 하지만 부자라고 해서 어찌 다 나쁜 사람일까. 가난하거나 중산층 사람들 중에도 선한 사람이 있고 악한 사람이 있다. 부자들도 그렇다. 부자가 되는 것을 두려워할 것이 아니라 선한 인격을  잃는 것을 두려워해야 한다. 나는 1986년 그날 선한 부자를 만났고, 나 역시 언젠가 부자가 된다면 평창동 할머니 같은 사람이 되겠다고 마음먹었다. 지금 내가 그렇게 살고 있는지는 자신할 수 없지만, 그래도 내 마음에 그날의 추억과 감동이 사라지지 않는 한 그런 사람이 되겠다는 다짐 역시 지워지지 않을 것이다.

최고의
삶은
바로 이것

—

　　인생의 바닥에 있을 때 나를 구해 준 것은 블로그였다. 그동안 알게 된 하찮은 지식으로 채워 왔지만, 15년 넘게 꾸준히 운영해 오고 있다. 매일 블로그에 글을 올린다는 건 쉬운 일이 아니다. 그런데도 왜 이렇게 오랫동안 운영하고 있을까? 그 이유는 노력한 만큼, 아니 그 이상의 혜택이 생겨나기 때문이다.

　　그 혜택이란 무엇일까? 강연 의뢰, 출판 의뢰, 상담 및 컨설팅 요청, 광고 요청, 투자 제안 등 다양하다. 이처럼 블로그는 나에게 정말 많은 선물을 가져다주었다. 블로그가 내 삶을 최고로 이끌어 주었다고 해도 과언이 아니다.

당신이 생각하는 '최고의 삶'은 무엇인가? 내가 경험해 본 최고의 삶은 '내가 가진 지식과 경험을 공유하는 삶'이다. 그 이유는 크게 세 가지다.

첫째, 나의 지식과 지혜를 더욱 단단하게 만들어 준다.

지식과 경험을 글로 정리하는 과정에서 내가 더욱 성장하고 발전한다. 어렴풋이 알았던 것, 일부만 알고 있던 것들, 정확히 모르면서 안다고 생각했던 것들을 글로 옮기는 과정에서 정확히 알 수 있다. 또한 글로 정리하면서 지식의 폭이 넓고 깊어진다. 블로그든 유튜브를 통해서든 내가 아는 것을 타인과 나누고 소통하는 일이 어렵고 귀찮을 수 있다. 하지만 이 과정에서 가장 크게 덕을 보는 사람은 바로 나 자신이다.

둘째, 내가 공유한 지식으로 인해 많은 사람의 삶을 긍정적으로 바꿀 수 있다.

블로그를 운영하면서 수많은 메일과 문자를 받았다.

'소형 신축 사업에 대해서 알려 주신 걸 보고 저도 시작했습니다. 돈도 많이 벌었어요. 정말 감사합니다.'

'고시원 투자 내용을 보고 저도 고시원 사업에 뛰어들었

어요. 수익이 꽤 괜찮아요. 고맙습니다.'

'계약할 때 체크해야 할 사항을 보고 이번 상가 계약할 때 큰 도움이 되었어요. 저에게는 큰 은인이세요.'

이런 문자와 메일을 받으면 참 행복하다. 이런 감사와 응원의 글이 블로그를 15년 넘게 운영해 온 원동력이었다. 명절 때면 어떻게 주소를 알았는지 집과 회사로 제법 많은 선물이 들어온다. 도움이 되었다는 감사의 글과 함께.

셋째, 지식은 사람과 사람을 통해 더 멀리 퍼져 나간다.

40대 후반의 남성이 장문의 편지를 보내온 적이 있다. 내용을 요약하면 이렇다.

'7년 전 단희쌤이 올려 주신 소형 신축 정보를 보면서 꿈을 키웠습니다. 5년 전에 집을 담보로 받은 대출금 3억 5천만 원으로 도전했습니다. 지금은 제 건물이 3채나 됩니다. 이 과정에서 저의 부모님도 아파트를 팔고 원룸 건물을 지어 주거와 임대 소득을 동시에 해결했습니다. 은퇴한 제 대학 선배님도 제 도움으로 주거를 해결하면서 임대 소득을 얻을 수 있도록 해 드렸습니다. 제가 재테크를 시작하면서 알게 된 지식을 주변 지인들에게 나누어 주고 있습니다. 제 가족과 친지, 친구, 지인들과 지식을 공유하면서 그들의 재산도 크게

아는 것을 나누는 일만큼 수지맞는 장사도 드물다.

투자할 것은 시간뿐이다.

　　　　　　　　많 은 사 람 이 혜 택 을 입 는 다.

나누어 준 사람은 일종의 퍼스널 브랜드를 획득하고,

그를 통해 더 많은 기회를 얻게 된다.

지식과 경험을 나누는 일은 결국 나누어 주는 이에게

가장 큰 이익을 남긴다.

늘었습니다. 나를 통해 내가 사랑하는 사람들의 재산을 늘릴 수 있어서 행복합니다. 그 출발점이 바로 단희쌤이었습니다.'

한 사람에게서 시작된 지식과 정보는 사람과 사람을 타고 흘러간다. 잔잔한 호수에 던진 돌이 파문을 일으키며 점점 퍼지듯, 내가 공유한 지식과 정보가 파장을 일으키며 주변을 변화시킨다.

2021년 8월 1일에 〈인클〉이라는 교육 동영상 플랫폼을 오픈했다. 이미 이 책에서 여러 번 얘기했지만, 〈인클〉은 40·50세대가 겪는 돈·건강·행복을 해결하는 데 도움을 주는 갖가지 지식과 경험으로 가득 차 있다. 내가 이 플랫폼을 만든 목적은 더 많은 사람과 좋은 정보를 공유하기 위해서다. 이를 통해 많은 사람이 여러 가지 문제를 해결하고 더 나은 삶을 펼쳐 나갈 수 있기를 기대한다.

하나의 지식은 한 사람, 한 가족, 한 사회를 긍정적으로 변화시킬 수 있다. 이것이 내가 정보 공유에 집착하는 이유다.

지금 많은 사람이 코로나로 힘들어하고 있다. 그러나 기회는 열려 있다. 당신 자신의 위기를 해결할 방법을 만나지 못했을 뿐이다.

오늘도 블로그와 유튜브에 글과 영상을 올린다. 필요한 분들이 필요한 지식을 만날 수 있도록.

주변을 성장시키면서 내가 풍요로워지는 사람, 그가 진짜 부자다.

내 방에서
콜라병에 소변을
받아냈다

—

💧 **잠만 잘 분 찾습니다**

30대 후반에 영등포의 쪽방촌에서 지내다가 조금 여유가 생겨 25만 원짜리 고시원으로 거처를 옮겼다. 고시원에서는 한 달 입실비 25만 원으로 자는 것, 씻는 것 외에 밥과 김치가 제공되어 식비를 줄일 수도 있었다. 환경은 쪽방보다 훨씬 좋았다.

하지만 불편한 점이 있었다. 1평도 안 되는 방들이 다닥다닥 붙어 있다 보니, 바로 옆방의 말소리와 TV 소리가 바로 옆에서 듣는 것처럼 생생하게 들린다는 점이었다. 특히나 내 왼쪽 방 사람은 하루 종일 방 안에서 TV만 보았다. 소리가 크다고 몇 번 얘기했지만, 통하지 않았다. 오른쪽 방 사람은 잘 때 코를 심하게 골아서 귀마개를 하지 않으면 잠을 잘 수가 없었다. 그렇게 8개월을 보냈다. 버티기 힘들었고 신경이 점점 날카로워졌다. 하루 빨리 고시원에서 벗어나고 싶었다.

그러던 어느 날 일자리를 찾아보려고 〈벼룩시장〉을 살피다가 우연히 '잠만 잘 분'이라는 문구와 함께 월세방을 소개하는 코너를 보게 되었다. 월세가 저렴했다. 15만 원에서 30만 원까지 다양했다. 그런데 '잠만 잘 분'이라는 의미가 잘 와닿지 않았다. 그래서 한 곳에 전화를 했다.

"취사는 안 되고요. 말 그대로 방에서 잠만 주무실 분 말이에요. 낮에는 밖에서 일하고 밤에만 들어와서 주무실 분을 원해요."

할머니의 배려와 사랑으로
절망에서 희망을 찾다

내방역 부근에 18만 원짜리 '잠만 자는 방'이 나와 있는 것을 보고 전화를 걸었다.

"〈벼룩시장〉 보고 전화했어요."

"뭐라고요? 잘 안 들려요. 크게 말해 줘요."

80살은 넘은 것 같은 할머니의 목소리였다. 전화기에 가까이 대고 큰 소리로 말했다.

"〈벼룩시장〉 보고 전화했어요! 방 있어요?"

약속을 잡고 다음 날 찾아갔다. 그 집은 지하철에서 약 10분 거리의 오르막길에 있었다. 도착해 보니 5층짜리 다세대 주택이었다. 벨을 누르고 기다렸지만 인기척이 없었다. 다시 벨을 눌렀다.

"누구시오?"

자다가 일어난 듯 힘없는 할머니의 목소리가 들려왔다.

"네, 어제 전화드렸던 사람입니다."

그렇게 해서 할머니와 함께 잠만 자는 동거가 시작되었다. 내가 잠만 자는 방은 할머니가 쓰는 안방 건너편에 있는 방이었다.

아침 7시쯤 나가서 저녁 9시경에 돌아갔다. 그렇게 며칠을 보냈다. 일주일쯤 지났을 때 일하러 나가는데 할머니가 나에게 물었다.

"아침은 어디서 먹나? 괜찮으면 나랑 같이 먹어."

다음 날부터 할머니가 해 주시는 아침을 함께 먹었다. 며칠 뒤에는 퇴근하는 나에게 말했다.

"저녁은 먹고 들어오는겨?"

"네, 할머니. 회사에서 먹고 들어와요."

사실 당시에 나는 컵라면으로 저녁을 해결했다.

"혹시 저녁에 배고프면 냉장고에 반찬 있고 밥통에 항상 밥이 있으니까 편하게 차려 먹어."

정말 오랜만에 접하는 관심과 배려였다.

그 무렵 나는 정신적으로, 육체적으로 최악의 상태에 있었다. 죽지 못해 살고 있을 뿐이었다. 할머니의 진심 어린 마음이 절망에 빠져 있던 나에게 작은 희망을 주었다. 할머니의 관심과 배려가 나에게는 생명수나 마찬가지였다.

콜라병에
소변을 받아내다

할머니의 따뜻한 배려로 편안하고 행복한 나날을 보냈

다. 전에 살던 쪽방이나 고시원에 비하면 특급 호텔이었다. 집다운 집이었고, 아침저녁으로 따뜻한 밥을 먹을 수 있었다.

한두 달이 지나면서 할머니는 나를 친자식처럼 잘 대해 주었다. 그렇게 할머니와 함께 6개월쯤 살았을 때 곤경에 처했다.

일요일이었다. 당시 일요일에는 배달 아르바이트를 했다. 10시까지 출근이어서 9시쯤 나가려고 방에서 준비하고 있었다. 그때 초인종 소리가 들렸다.

"엄마, 나야. 빨리 문 열어요."

여자의 목소리에 왠지 날이 서 있었다.

"엄마, 집에 그 남자 있어요?"

"아까 출근했어."

할머니는 내가 잠시 쓰레기를 버리러 나갔다 온 것을 출근한 걸로 착각하신 모양이었다.

"엄마, 얼마 되지도 않는 18만 원 벌려고 모르는 사람을 집에 들이면 어떡해요?"

딸은 며칠 전 할머니와 통화하면서 내가 그 집에 산다는 걸 알게 된 것이었다.

"그 남자 들어오면 월세 돌려줄 테니 당장 방 빼라고 해요."

나는 소리 나지 않게 방문을 잠갔다. 숨소리가 새어 나갈까 봐 숨도 제대로 쉬지 못했다. 아무도 없는 것처럼 3시간이나 있었다. 밖에서는 점심 먹는 소리가 들려왔다. 소변이 급했다. 하지만 밖으로 나갈 수가 없었다. 할머니의 딸이 빨리 돌아가기를 기다렸지만, 그러고도 1시간이나 더 지났다. 더 이상 소변을 참을 수가 없었다.

다행히 방구석에 먹다 남은 1리터짜리 콜라병이 보였다. 목도 말랐다. 먹다 남은 콜라를 마셨다. 그리고 그 콜라병에 소변을 해결했다. 그러고는 나도 모르게 잠이 들었다. 눈을 떴을 땐 어둠이 짙게 깔려 있었다. 나는 눈을 뜨고도 한동안 시체처럼 꼼짝 않고 있었다.

며칠 뒤 그 집에서 나왔다. 오랫동안 머물고 싶었지만, 할머니를 난처하게 해 드리고 싶지 않았다.

10년 만에
할머니를 찾아가다

벌써 15년이 지났다. 그때 그 집의 할머니와 할머니가 해 주시던 아침밥이 문득문득 떠오르고는 했다.

5년 전에 선물을 잔뜩 사들고 할머니께 인사하려고 찾아갔다. 하지만 1년 전에 집주인이 바뀌었다고 했다. 꼭 다시 뵙고 싶었는데, 더 일찍 찾아뵙지 못한 것이 너무나 아쉬웠다. 밖으로 나와 한참 동안 집 근처에 앉아 있었다. 10월 초의 가을 하늘이 맑았다.

할머니께서는 파란 가을 하늘이 참 좋다고 했다. 함께 살던 해 가을, 할머니는 바깥에 나오셔서 가을 하늘을 한없이 바라보고는 했다. 지금도 어디선가 가을 하늘을 보고 계시겠지. 그때 할머니에게 하지 못한 말을 이제야 한다.

"할머니의 큰 사랑으로 제가 다시 일어서서 여기까지 올 수 있었어요. 할머니, 정말 감사합니다."

차창 밖으로 나온
그의 팔은
젖고 있었다

—

2021년 늦가을의 퇴근길이었다. 겨울을
재촉하는 비가 내리고 있었다. 자동차 와이
퍼가 연신 왔다 갔다 했다. 하루 동안 와이퍼
처럼 오락가락하며 많은 일을 했다. 하지만
아직 해결하지 못한 일들이 머릿속에 맴돌았
다. 몸은 피곤하고 차는 막히고 허기졌다. 누
군가 시비를 걸면 폭발할 것처럼 잔뜩 예민
해져 있었다. 자동차들은 조금이라도 빨리
가기 위해 앞서거니 뒤서거니 했다. 앞차와
의 간격이 조금만 벌어져도 차들이 끼어들었
다. 보통 때면 너그럽게 봐 줄 일도 그날은 짜
증이 머리끝까지 치밀었다.

지치고 날카로운 상태로 도로를 달려 집에 거의 도착했을 때였다. 앞차와 조금 벌어진 틈으로 옆 차선의 차가 갑자기 끼어들었다. 급브레이크를 밟았다. 하마터면 접촉 사고가 날 뻔했다. 놀라고 화가 나서 클랙슨을 신경질적으로 눌렀다.

'깜빡이도 켜지 않고 갑자기 끼어들다니, 분명 기본도 안 된 작자일 거야.'

속으로 그 차의 운전자에게 욕을 퍼부었다. 가뜩이나 예민해져 있던 나는 그 일로 더욱 날카로워졌다.

집 근처 진입로로 들어서자 도로가 한산했다. 액셀을 누른 발에 힘을 주었다. 그렇게 조금 가는데 조금 전에 끼어들었던 그 차가 횡단보도 앞에서 급하게 멈추어 섰다. 나도 따라 급브레이크를 밟았다. 신호등은 분명 녹색이었다. 그런데 급정거를 한 앞차는 멈춰 서서 갈 생각을 하지 않았다.

'빵빵!'

나는 아까보다 더 신경질적으로 클랙슨을 울렸다. 앞차는 내가 그렇게 반응하는데도 여전히 출발하지 않고 대신 비상 깜빡이를 켰다. 앞차의 운전자가 운전석 창을 내렸다. 그가 팔을 차창 밖으로 내밀고는 손을 위아래로 크게 흔들었다. 옆 차선으로 달려오는 차에 멈추라는 신호를 보내는 것이었다. 그의 팔은 내리는 비에 금세 흠뻑 젖어들었다.

그때 나는 보았다. 허리가 구부정한 할머니 한 분이 횡단보도를 우산도 없이 손수레를 끌며 건너고 있었다. 손수레에는 자기 몸보다 두 배는 큰 종이박스들이 얹혀 있었다. 그제야 나는 앞차가 출발하지 않고 있었던 이유를 알았다. 앞차의 운전자는 할머니가 안전하게 찻길을 건널 수 있도록 최선을 다한 것이었다. 조금 전까지만 해도 내가 마음속으로 욕을 퍼부었던 그였다. 그런 그가 참 멋져 보였다. 존경스러웠다.

문득 나태주 시인의 〈풀꽃〉이라는 시가 떠올랐다.

자세히 보아야

예쁘다

오래 보아야

사랑스럽다

너도 그렇다.

_ 나태주, 〈풀꽃〉

나라면 저런 상황에서 그처럼 할 수 있었을까? 한 번의 끼어들기로 그를 나쁜 사람 취급했던 내가, 날카로워진 마음을 그에게 쏟아부었던 나 자신이 부끄러웠다.

그리고 한순간에 기분이 좋아졌다. 내 안에 있던 미움과 분노가 존경과 감사로 바뀌어서 고마웠다. 세상이 각박하다지만, 저런 사람들이 있기에 아직은 살 만한 것이라는 생각에 마음이 한결 가벼워졌다. 하루 종일 일에 시달리면서 누적된 피로와 예민함 그리고 허기까지 한순간에 사라졌다.

그날 그의 따뜻한 마음과 배려 덕분에 미소를 머금은 채 콧노래를 흥얼거리며 집으로 향할 수 있었다.

독서를 통해
탁월한 존재가 되는
확실한 방법

—

성공하고 싶은가?

탁월한 존재가 되기를 원하는가?

미래에는 지금보다 나은 사람이 되기를 바라는가?

맞닥뜨린 문제와 고민의 답을 찾고 싶은가?

내가 직접 경험했던 방법을 알려 드릴까 한다. 단언컨대 확실한 효과가 있다.

40대 초반 독서 모임을 찾아다닌 적이 있다. 그런 모임에서 독서량이 상당한 분들을 여럿 만났다. 그동안 읽은 책이 1,000권은 기본이고, 2,000권이 넘는 분도 있었다. 그런데 그분들과 이야기를 나누면서 이런 이야기를 듣고는 했다.

"독서를 통해 무언가 이루기를 원했고 탁월한 존재가 되기를 바랐지만, 삶이 크게 바뀌지는 않았어요. 지금은 그냥 습관처럼 책을 들고 있어요."

상당한 시간을 독서에 투자했는데, 독서를 하기 전과 별반 달라진 것이 없다는 하소연이었다.

그렇게 많은 책을 읽었는데 왜 삶이 달라지지 않았을까?
그렇게 많은 것을 알고 있는데 왜 삶이 더 나아지지 않았을까?

이 질문은 40대 초반 독서 모임을 찾아다니며 나에게 했던 질문이기도 하다. 성공하기 위해서는 책을 읽어야 한다는 말을 수없이 들었다. 그래서 미친 듯이 책을 읽었다. 4년 동안 읽은 책이 1,000권을 넘었다. 그런데도 내 삶은 크게 나아진 것이 없었다.

왜 그랬을까?

이유는 간단했다. 단지 책을 읽고 아는 것에 그쳤기 때문이다.

현실은 시험이나 퀴즈가 아니다.

성인 이후의 삶에서 많이 아는 것이 반드시 도움이 되지는 않는다.

아는 것을 행하여 좋은 습관을 쌓는 행위가

우리의 삶을 윤택하고 행복하게 만든다.

'아는 것이 힘이다'라는 말이 있다. 앞에서도 이야기했지만, 나는 이 말을 조금 다르게 표현하고 싶다.

'아는 것이 힘이 아니라, 아는 것을 행동하는 것이 진정한 힘이다.'

책을 많이 읽어서 아는 것은 많아졌지만 그것으로 끝이었다. 그렇게 많은 책을 읽고도 나아지지 않은 이유였다.

그래서 독서 5년 차부터는 방법을 바꾸었다. 독서를 통해 알게 된 아주 간단한 것이라도 행동으로 옮기기로 결심했다.

'이제부터 책을 읽은 뒤에 알게 된 가장 쉽고 간단한 것이라도 행동으로 옮기자.'

한 권의 책을 읽고, 하나의 작은 행동과 습관을 만들어 갔다. 한 권의 책을 통해 하나의 '좋은 행동'을 하고, 그것이 차곡차곡 쌓이도록 했다. 굳게 마음먹고 어렵게 시작했지만 중도에 포기한 것도 많았다. 그렇지만 아직까지 내 삶의 습관으로 자리 잡은 것들도 제법 많다. 그렇게 하나씩 쌓인 작은 습관들이 모여서 지금의 나를 만들었고, 또 만들어 가고 있다.

'일상이 모여 내 인생이 된다'는 말이 있다. 여기서 말하는 '일상'이란 내가 매일매일 하는 행동을 말한다. 그런데 내가 하는 행동들의 90퍼센트 이상은 나의 습관에서 나온다. 좋은 습관이 좋은 인생을 만드는 것이다.

좋은 책을 통해 좋은 습관을 찾고, 그것을 행동으로 옮겨 보라. 그 작은 습관들을 하나씩 쌓아 보라. 그러면 머지않아 그 습관들이 내 삶에 작은 기적들을 가져온다.

성공하고 싶은가?

탁월한 존재가 되기를 원하는가?

미래에는 지금보다 나은 사람이 되기를 바라는가?

독서를 통해 성공하고 싶은가?

독서를 통해 탁월한 존재가 되기를 원하는가?

독서를 통해 더 나은 미래를 만들고 싶은가?

그렇다면 이것 하나만 약속하자.

한 권의 책을 읽고 하나의 행동을 하겠다고.

포기하지 않고 지속해서 나의 습관으로 만들겠다고.

작은 습관, 좋은 습관을 100개 만들어 보겠다고.

그렇게 쌓인, 작지만 좋은 습관들이 기적을 만들어 낸다.

당신이 성공하도록, 탁월한 존재가 되도록, 더 나은 미래를 만들도록 이끌어 준다.

공부하기를 멈추지 말라.

공 부 속 에 멈 추 어 있 지 도 말 라.

저에게는
남은 시간이
얼마 없어요

—

"실례가 안 된다면 상담 내용을 녹음해도 될까요?"

"왜 그러시죠?"

"죄송해요. 제가 기억을 잘 못 해서요."

"기억을 못하신다고요?"

"네, 제가 사연이 좀 있어요."

한 달 전, 50대 후반의 여성이 방문했다. 외모가 단아했지만, 실제 나이보다 더 들어 보였다. 얼굴에 수심이 가득한 탓이었다.

그분은 20대의 딸과 마포의 아파트에서 거주하고 있었다. 집은 팔려고 내놓은 상태였다. 집을 처분하고 나면 자신이 가진 현금

4억 원을 합쳐서 14억 원 정도를 손에 쥘 수 있을 것 같다고 했다. 그 돈으로 원룸 건물을 신축해서 거주를 하며 임대 소득을 만들고 싶다고 했다.

"제가 좀 급해서요. 빨리 진행될 수 있게 부탁드립니다."

"노후가 걸린 중요한 문제인데, 충분히 알아보고 진행하시지요."

"저에게는…… 그럴 시간이 없어요."

"시간이 없다고요? 무슨 말씀이시죠?"

그녀는 자신의 안타까운 사연을 내게 들려주었다.

15년 전 남편과 이혼한 후 쉬는 날도 없이 일을 하면서 열심히 돈을 모았다. 그런데 4년 전부터 기억력이 눈에 띄게 흐려졌다. 스스로 느꼈지만 대수롭지 않게 생각했다고 한다.

어느 날 딸이 말했다.

"엄마, 요즘에 기억력이 많이 떨어진 것 같아요. 병원에 함께 가요."

처음에는 딸의 말을 흘려들었다. 그런데 시간이 지나면서 기억력과 언어 능력이 심하게 떨어지는 것이 실감되었다. 결국 3년 전에 대학 병원을 찾았다.

결과는 충격적이었다. 설마 했는데, 우려가 현실이 되었다. 알츠하이머병 진단을 받았다.

그녀는 눈물을 흘리며 말을 이어 갔다.

"하나뿐인 자식이 좋은 직장에 다니고, 이제 좀 편히 살면서 삶을 즐기려고 했는데……."

나는 그녀에게 아무 말도 해 줄 수 없었다. 그녀는 잠시 후에 눈물을 훔친 뒤 말을 이었다.

"거주하면서 월세 400만 원 이상은 나오겠죠?"

"예, 가능합니다. 더 나오게 만들 수도 있어요."

"네, 정말 다행이네요."

"그러니 걱정은 그만 내려놓으세요."

"제가 기억이 사라져서 엄마 역할은 못해도, 내 딸만큼은 잘살았으면 해요. 요즘 직장 다니는 것도 힘들어하는데, 월세 수입이 힘이 되었으면 좋겠어요."

알츠하이머병은 진행 단계에 따라 다양한 증상이 나타난다. 기억력 감퇴, 언어 능력 저하, 판단력 저하. 그렇게 일상생활을 하는 게 점점 힘들어지다가 결국에는 혼자 힘으로는 생활하는 것이 어려워진다.

그래서 그녀는 급했다. 그나마 정신이 남아 있을 때, 상황을 정리해 놓고 싶어 했다. 하나뿐인 딸에
게 부담을 주고 싶지 않았기 때문이다.

그녀의 사정을 듣고 나서야
왜 그녀가 굳이 상담 내용을 녹취
하려 했는지 이해할 수 있었다. 빨
리 원룸 건물을 짓고 싶어 하는 이유도, 아울러 딸을 향한 큰
사랑도…….

그녀에게는 남은 시간이 별로 없었다. 자신의 정신과 영
혼이 온전한 상태로 남아 있는 시간이 점점 줄어들고 있었다.
그녀를 보내고 생각에 잠겼다.

'알츠하이머로 기억을 조금씩 잃어 가는 게 얼마나 두려
울까? 그러면서도 오직 딸을 걱정하는 어머니의 마음은 얼마
나 위대한가!'

몇 년 전에 보았던 끔찍한 뉴스가 떠오른다. 30대 후반
남성이 저지른 존속 살해 사건이었다.

사건 속의 어머니는 남편을 일찍 여의고 청소 등의 일을
하면서 어렵게 생계를 이어 가며 자식을 키웠다. 하지만 30대
아들은 술과 게임에 빠져 지냈다. 어느 날 아들은 자신에게
잔소리하는 어머니를 칼로 찔렀다. 어머니는 피를 흘리며 죽

어 가면서 아들에게 이렇게 말했다.

"피 묻은 옷은 갈아입고 도망가."

자신에게 칼을 휘두른 아들인데, 죽어 가면서도 오직 자식을 걱정하는 어머니의 마음. 감히 상상이 되지 않는다. 모든 것을 초월하는 어머니의 사랑은 어디까지일까?

예전에 접했지만 완전히 이해하지 못한 문장이 있었다. 이제야 그 문장이 가슴에 뜨겁게 와닿는다.

'신은 모든 곳에 있을 수 없기에 어머니를 만들었다.'

남편의 치매
그리고
아내의 노트

—

2021년 늦여름의 어느 날, 예순 살의 부인께서 방문했다. 현재 서울시 강서구에 살고 있는데, 경기도로 이사할 계획이라고 했다. 부인과 남편 모두 공무원으로 30년 넘게 일했다고 한다. 지금은 두 분 다 퇴직해서 연금으로 400만 원 넘게 수령하고 있었다.

"이 정도 연금이면 두 분 생활하기에 충분한데, 왜 굳이 서울을 떠나려고 하시죠?"

대답이 뜻밖이었다.

"남편과 추억을 많이 만들고 싶어서요."

67살인 남편은 3년 전부터 치매가 진행 중이었다. 그래서 예전의 기억을 조금씩 잃어

가고 있었다. 둘이 함께한 아름다운 추억이 많은데, 남편이 기억하지 못할 때면 너무나 안타깝다고 했다. 그래서 지금부터라도 둘만의 행복한 추억을 더 많이 만들고, 또 기억하고 싶다고 했다. 둘만의 오붓하고 여유로운 시간을 누리기 위해 남편의 고향인 파주로 이사할 계획이었다.

"파주 전원주택을 둘러봤는데, 주변에 호수도 있고 산도 있고 들판도 있고 둘레길도 있고 텃밭도 있어요. 우리가 꿈꾸던 환경이에요."

그러면서 그녀는 두툼하고 낡은 노트를 보여 주었다. 석 달 전부터 남편과 함께 쓰기 시작한 '추억 노트'라고 했다. 점점 희미해지는 남편의 기억을 대신할 추억 저장소였다. '추억 노트'의 내용 중 하나를 부인의 동의를 얻어 공개한다.

9월 15일, 날씨 맑음. 기분은 최고

오늘은 남편과 함께 뒷산 오솔길을 산책했다. 새소리가 들렸다.

"여보, 새소리가 들려요. 참 예쁘죠?"

"당신 목소리가 더 예뻐요."

남편은 나이가 들수록 나를 더 아껴 준다.

오솔길을 따라 조금 더 걸었다. 새소리, 계곡 물소리, 나뭇잎 소리가 바람에 실려와 내 귀를 간질인다.

밤나무 아래 밤송이가 제법 떨어져 있었다. 남편이 나무 꼬챙이를 구해서 가시 밤송이를 벌렸다. 나는 벌어진 틈으로 손을 넣어 밤을 꺼냈다.

"앗, 따가워."

"여보, 위험해요. 내가 할게요."

오늘 하루 사랑하는 남편과 하나의 작은 추억을 만들었다.

여기서 보여 드릴 수는 없지만, 두 분이 함께 찍은 사진 두 장이 노트에 끼여 있었다. 한 장은 내외가 얼굴을 맞대고 활짝 웃는 사진, 또 한 장은 남편이 밤송이에서 밤을 조심스럽게 꺼내는 사진.

그녀가 말했다.

"남편과의 아름다운 추억이 영원히 기억되길 원해요. 남편이 나중에 우리의 추억을 잊어버릴까 봐 두려워요. 그래서 이렇게 사진과 글로 남겨 두는 거예요. 혹시나 남편이 기억을 못하는 상황이 와도 사진 일기장을 보고 과거를 기억할 수 있게요."

상담이 끝난 뒤 생각에 잠겼다. 부인의 이야기가 잔상처럼 머릿속을 맴돌았다.

"남편과의 소중한 추억을 많이 만들고 싶어요. 잊히지 않도록 추억 노트에 남길 거예요."

마음이 참 따뜻한 분이었다.

무언가를 추억한다는 건 아름다운 감정을 떠올리는 일이다. 그때 그곳에서 어떤 마음, 어떤 기분이었는지를 되새기는 것이다. 그 기분과 감정을 공유한 사람과 함께.

나이가 들어간다는 건 그만큼 추억이 쌓여 가는 것이다. 나도 소중한 추억을 잊지 않도록 글과 사진으로 남기고 싶다. 그러면 나이가 들어 갈수록 쌓여 가는 추억의 양만큼 더 행복해지겠지.

오후에 쇼핑을 가야겠다. 두 가지를 사려고 한다. 하나는 추억을 기록하는 노트, 또 하나는 곧바로 사진을 뽑을 수 있는 폴라로이드 카메라.

아름다운 삶의 기억들을 기록하고 싶다. 순간순간 스쳐지나가는 아름다운 추억들을 놓치고 싶지 않다. 내 소중한 감정들을 잊고 싶지 않다. 그것들을 기록하고, 틈틈이 그 기록들을 들여다보려 한다. 내가 살아온 발자취는 그 어떤 명작보다 더 멋진 영화다.

내 삶을 기록하면 짧은 인생을 세 번 살 수 있다.

첫 번째 삶은 내 몸으로 온전히 살고,

두 번째 삶은 내 하루를 기록하는 과정에서 또 하루의 삶을 산다.

세 번째 삶은 과거의 기록들을 들추어 보면서 또 한 번의 인생을 산다.

오늘 하루 당신의 소중하고 아름다운 기록을 적어 보라. 내 삶이 세 배 더 풍요로워지기를 원한다면.

아름다운 추억을 많이 가진 사람은

그렇지 않은 사람보다

몇 배의 인생을 산 것이다.

50살 이후,
나에게 생길
무서운 현실들

—

질문은 답을 요구한다. 좋은 질문은 좋은 답을 끌어낸다. 문제는 '좋은 질문을 할 수 있느냐'이다. 당신은 어떤 질문을 할 것인가? 당신이 할 수 있는 질문의 수준이 당신의 미래를 결정한다.

그런데 문제가 또 있다. 내가 경험하지 못한 세상, 내가 모르는 세계에 대해서는 질문조차 할 수 없다. 질문의 수준은 경험의 크기에 비례한다. 이럴 때 능력자(해당 분야의 전문가)의 질문을 찾아보는 건 어떨까?

《나이 드는 게 두렵지 않습니다》

얼마 전에 읽었던 책의 제목이다. 차례를

보면서 적잖이 충격을 받았다. 40대와 50대라면 깊이 공감할 것이다. 차례를 보면서 내가 지금 어디쯤 와 있는지 체크해 보자. 아직 경험해 보지 못한, 곧 나에게 다가올 삶을 미리 살펴보자. 그리고 그 질문들에 답을 해 보자.

[50세] 아픈 부모를 돌보았더니 찾아온 '우울증'과 '조기 퇴직'

[51세] 갱년기를 겪는 아내의 분노가 폭발하다.

[53세] 부모님이 돌아가신 후, 유산 상속 다툼이 시작되다.

[55세] 정년은 늦어지는데 월급은 줄고, 직책도 낮아진다.

[56세] 황혼이혼 위기에 봉착하다.

[60세] 연 수입은 절반으로 뚝, 일은 신입사원급으로 돌아가다.

[61세] 정년퇴직의 충격으로 노인성 우울증에 걸리다.

[62세] 은행만 무조건 믿었다가 재산이 반토막 나다.

[63세] 첫 손주 탄생의 기쁨도 잠시, 고부 갈등이 시작되다.

[65세] 아무 생각 없이 받은 연금, 결국은 손해를 보다.

[66세] 암 발병률이 급증하는 시기, 누구도 안전할 수 없다.

[70세] 평생 모은 전 재산이 10년도 못 가 사라지다.

[72세] 자녀가 다시 백수가 되고, 이혼해서 돌아오다.

[75세] 의료비에 간병비까지, 인생 최대의 경제 손실이 닥치다.

[77세] 자식 부부와 사는 게 눈치 보여 집을 급매로 싸게 넘기다.

[79세] 갑자기 입소한 요양원, 예상치 못한 비용 지출이 늘다.

[80세] 알면서도 쉽게 당하는 보이스피싱과 부동산 사기

[82세] 결국 찾아온 치매에 속수무책으로 당하다.

[90세] 시설 입원 후 제대로 걷지도 못하고 누워만 있다.

[100세] 장수의 비결은 생활 습관이 전부다.

위에서 살펴본 차례의 문장들은 살면서 누구나 경험할 수 있는 일들이다. 나에게만은 이러한 일들이 피해 갈 거라는 요행을 바라서는 안 된다. 반드시 해결해야 할 문제들이다.

죽음은 인간의 힘으로 어찌할 수 없다. 그러나 일상의 문제들은 해결할 수 있다. 분명한 일은 내가 해결하지 못한 문제를 누군가는 해결했다는 사실이다.

지금 그 답을 찾아보자. 해답을 구하지 못했다면, 이미 해답을 찾은 사람을 찾아보는 건 어떨까?

버스 제일 뒷자리
우측 창가에서
행복을 찾다

—

🌢　　　　**토큰 2개를 들고**
　　　　떠난 여행

　오래전 일이다. 초등학교 6학년 동창 모
임에 처음 참석했을 때였다. 건너편에 앉은
남자 동창생이 나를 물끄러미 바라보다가 말
했다.

　"어, 네가 우리 반이었어? 미안한데, 기
억이 잘 안 나네."

　그랬다. 초등학교 다닐 때 있는 듯 없는
듯 조용히 지냈다. 성격이 내성적이어서 친구
도 많이 사귀지 못했다. 마음에 맞는 두세 명

하고만 친하게 지낼 뿐이었다.

대학교 1학년 때는 문경이라는 절친이 있었다. 마음이 잘 맞아서 매일 함께 지냈다. 1학년 여름 방학 때 그 친구가 해병대에 지원해서 입대했다. 갑자기 혼자가 되어 버렸다. 외로웠다. 그 친구와 비슷한 시기에 전역하기 위해 나도 곧바로 입대 신청을 했다. 군대에 가기까지 꽤 시간이 남아 있었다.

하는 일도 없이 집에서 빈둥거리며 한심한 나날을 보냈다. 지루했다. 갑자기 바깥 구경을 하고 싶었다. 늦은 점심을 먹고 토큰 2개를 들고 밖으로 나갔다.

버스 뒷자리 우측 창가에서 본 풍경들

143번 버스를 탔다. 당시 내가 살던 동네는 은평구 신사동이었다. 143번 버스를 타면 상도동까지 갈 수 있었다. 1시간이 넘는 꽤 긴 노선이었다. 나는 버스를 타고 제일 뒷자리 우측 창가에 앉았다. 그 자리는 다른 사람이 타고 내려도 방해를 받지 않는다. 내성적인 내 성격에 딱 맞는 자리였다.

창밖에 시선을 놓았다. 가을비가 내리고 있었다. 비 오는 그날, 버스 밖으로 지나가는 풍경이 예뻤다. 비에 씻긴 건물과 사물들이 파스텔 톤으로 선명했다. 잎을 축 늘어뜨린 가로수, 우산을 쓴 채 바삐 걸어가는 사람들, 점포 안에서 새어 나오는 불빛들……. 내 눈에 비친 풍경이 마치 영화 같았다.

종점에서 내렸다. 날이 흐린 탓에 어둠이 빨리 내렸다. 춥고 배고팠다. 버스 종점 한 구석에 어묵과 떡볶이 등을 파는 노점상이 있었다. 떡볶이 1인분과 어묵 1인분을 시켰다. 김이 모락모락 나는 따뜻한 어묵 국물을 후후 불며 마셨다. 따뜻한 국물에 얼었던 몸이 녹았다. 마음도 함께 녹았다.

집으로 가기 위해 종점에서 다시 143번 버스를 탔다. 역시 제일 뒷자리 오른쪽 창가에 앉았다. 집으로 돌아가는 차창 밖 풍경은 올 때와 달랐다. 어둠이 짙게 깔려 있었다. 하지만 차창 밖으로 지나가는 수많은 불빛이 마치 별처럼 고왔다.

그날 이후 군대에 가기 전까지 나는 거의 매일 143번 버스를 타고 나만의 소박한 여행을 즐겼다.

삶의 속도에 휩쓸리지 않기 위해서는 때때로 멈추어야 한다.

잘살겠다는 일념으로 너무 많은 것을 희생한 삶이

어찌 행복할 수 있겠는가.

행복은 밖에서 찾는 게 아니라
내 안에서 찾는 거야

지금도 35년 전 그때가 생생하게 기억난다. 내가 앉았던 제일 뒷자리 오른쪽 창가, 차창 밖으로 지나가던 풍경들 그리고 그 풍경을 보면서 내 안에 자랐던 감정들도 선명하게 떠오른다. 버스 종점 노점상의 떡볶이와 어묵 맛도 잊을 수 없다.

나는 한동안 새롭게 오픈한 동영상 플랫폼 때문에 정신 없이 지냈다. 항상 시간에 쫓긴 탓에 마음의 여유를 가질 수 없었다. 거의 1년을 그렇게 보냈다. 그 어느 때보다도 충전과 힐링이 필요한 때다.

돌아오는 일요일에 새벽 첫 버스를 타려고 한다. 35년 전 그때처럼 제일 뒤 창가 자리에 앉을 것이다. 모든 생각과 잡념을 내려놓고 차창 밖 풍경을 즐겨야지. 새벽 버스를 타고 세상을 구경하는 여행을 할 생각에 벌써부터 설렌다. 4년 전 처음 해외여행을 떠나기 전날 너무 설레서 밤잠을 설쳤다. 그런데 그때보나 너 설렌다. 잠 좋다.

일요일에 몇 번 버스를 탈지 아직 정하지는 않았다. 그냥 집 앞 버스 정류장에 가장 먼저 닿는 버스를 탈 예정이다. 어떤 버스가 가장 먼저 올지, 또 그 버스가 나를 어디로 데려다줄지 생각만 해도 짜릿하다. 얼마 전에 읽었던 책의 구절이 생각난다.

'행복은 밖에서 찾는 것이 아니라, 내 안에서 찾는 것이다.'

나는 잊고 있던 내 안의 행복을 하나 찾았다. 버스를 타고 가면서 그동안 잊고 지낸 내 안의 행복을 하나 더 찾아야겠다. 어떤 행복을 찾게 될지, 이 역시도 설렌다.

생각한 대로
살지 않으면
어떻게 될까?

—

'당신은 지금 생각한 대로 살아가고 있는가?'

이 질문에 "예"라고 답한다면 당신은 행복한 삶을 살고 있는 것이다. 그렇다면 어떻게 해야 행복한 삶을 살 수 있을까? 이 질문에 답이 있다. 사는 대로 생각이 끌려가는 삶이 아니라, 생각한 대로 내 삶을 이끌어 가면 된다.

지금 내가 어떤 삶을 살고 있는지 면밀히 들여다보자. 대부분의 사람이 '바람직한 일'과 '해야 하는 일', '좋은 일'을 추구하는 삶을 살고 있을 것이다. 왜냐하면 세상이 나를 그렇게 살도록 강요했기 때문이다. 초등학교와 중·고등학교 시절을 떠올려 보라. 내내 이런 말을 들어야 했다.

"게임하지 마라."

"공부 열심히 해라."

"좋은 대학에 가야 한다."

학생으로서 본분을 다해야 했다. 학생으로서 '바람직한 일'과 학생으로서 '해야 하는 일', 학생으로서 '좋은 일'을 하도록 강요받았다. 그 길에서 벗어나면 낙인이 찍힌다. 대부분의 학생이 대학이라는 목표를 향해 맹목적으로 달려간다. 다른 선택권은 거의 없다.

목표했든 하지 않았든, 대학에 들어가면 그때부터는 또 다른 목표를 향해 달려가야 한다. 좋은 직장에 취업하는 것이다. 먹고사는 문제를 해결하기 위해, 사회인 지위를 누리기 위해, 다들 그렇게 살아가고 있기 때문에. 그렇게 살아가는 대로 내 생각은 그저 끌려간다.

원하는 회사에 취업했다. 남들이 부러워하는 대기업 직원이 되었고 공무원이 되었다. 그럼 행복할까? 목표 지점에 도달했지만, 새로운 구속에 얽매여야 한다. 자유가 없다. 조직이 원하는 충실한 사원이 되어야 하고, 의무를 다하는 일꾼

많은 사람이 자신의 의지대로 살아가고 있다고 착각한다.

우리의 선택 중 많은 것이 세상과 타인이

부추긴 데 따른 것임을 인정하지 않으려 한다.

그 이유는 내가 무엇을 원하는지 정확하게 모르기 때문이다.

그런 상태에서 당장의 효용성이 가장 높아 보이는 돈을 추구한다.

그렇게 많은 사람이 불행한 부자의 길로 간다.

이 되어야 하며, 조직이 좋아하는 일을 대신하는 직원이 되어야 한다. 또 그렇게 살아가는 대로 내 생각이 끌려갈 뿐이다.

돌이켜 보면 우리에게는 선택권이 거의 없었다. 세상이 만들어 놓은 틀에 맞추어 정해진 길을 가야 했다. 살아가는 관성에 따라 내 생각도 수동적으로 끌려갔다. 이것이 우리 삶의 모습이다.

OECD 국가 중에서 우울감을 경험하는 비율이 가장 높은 국가가 한국이다. 건강보험공단에 따르면 우울증 등 기분장애 환자가 100만 명을 넘었다고 한다. 하지만 실제적으로는 이 수치를 훨씬 넘어설 것이다. 우리나라 성인의 상당수가 우울증 환자이거나 잠재적 우울증 환자로 살아가고 있다. 왜 이처럼 심각한 상황에 처했을까?

그 이유는 가정, 학교, 조직, 사회가 원하는 틀 안에서 살도록 강요받기 때문이다. 내가 생각하는 대로 삶을 만들어 가는 것이 아니라, 살아지는 대로 생각을 조정하는 삶을 살기 때문이다. 이런 상황에서 행복한 삶을 산다는 것은 불가능에 가깝다.

'어떻게 하면 행복한 삶을 살 수 있을까?'

우리는 이 질문을 집요하게 파고들어야 한다. 해답을 찾아야 한다. 이 중요한 질문에 '해답'을 제시한 사람이 있다. 철학자 최진석 교수는 어떻게 살아야 할지에 대해서 이렇게 말했다.

> '해야 하는 일'이 아니라 '하고 싶은 일'을,
> '바람직한 일'이 아니라 '바라는 일'을,
> '좋은 일'이 아니라 '좋아하는 일'을 하면서 살아갈 때
> 우리는 진정한 삶의 주인으로 살 수 있다.

우리가 지구에 태어난 단 하나의 목적은 '행복한 삶'이다. 내 삶의 주인으로 살아갈 때만이 진정으로 행복할 수 있다. 해야 하는 일, 바람직한 일, 좋은 일에는 '나'가 빠져 있다. 세상의 틀에 맞추느라 오히려 나를 소외시켜 버렸다. 그래서 우리는 불행했다.

그러나 '하고 싶은 일', '바라는 일', '좋아하는 일'에서는 내가 중심에 있다. 나에게 세상을 맞춘다.

인생의 1막은 세상의 틀에 맞추어 살아왔다. 나를 희생하고 순응하는 삶이었다. 이제 시작되는 인생의 2막에서는

나를 중심에 놓자. 내가 하고 싶은 일을 찾고, 내가 좋아하는 것을 즐기며, 내가 바라는 삶을 살아가자.

기억하자. 내가 생각한 대로 살지 않으면, 사는 대로 생각하게 된다는 사실을.

코로나, 특이점
그리고
고전 한 줄의 힘

—

💧 **특이점이 온다**

5년 전쯤 마케팅 강의를 할 때였다. 제일
앞줄에 20대 초반의 남자가 앉아 있었다. 쉬
는 시간에 직업을 물어보니, 마케팅을 전공
하는 대학원생이라고 했다.

"4년 동안 마케팅 공부했으면 저보다 전
문가일 텐데 왜 제 강의를 들으러 왔어요?"

"대학에서 배운 마케팅 기법은 쓸 만한
게 별로 없어요."

'특이점'이라는 말을 들어 보았는가? 특

이점이란 '인공 지능이 비약적으로 발전해 인간의 지능을 뛰어넘는 기점'을 말한다.

앞으로의 세상은 모든 측면에서 특이점이 더 빠르고 다양하게 나타날 것이다. 거의 모든 분야에서 예측 불가능한 시대가 다가오고 있다. 내년을, 한 달 뒤를, 내일을 예측할 수 없는 세상이다.

오늘 내가 알고 있는 지식이 내일은 더 이상 지식이 아닐 수 있다.

오늘 내가 알고 있는 진리가 내일은 더 이상 진리가 아닐 수 있다.

코로나 이후의
세상은

코로나 19는 우리의 라이프스타일을 크게 바꾸었다. 아이들이 학교에 가지 않고 온라인으로 수업을 한다. 이런 세상을 상상이나 해 보았는가?

무서운 일은 이러한 변화가 이제 시작일 뿐이라는 점이다. 더욱 큰 변화가 더 빨리, 더 크게, 더 다양하게 다가올 것이다. 예측 불가능한 세상에서 나는 어떻게 생존해야 할까? 살아남는 것을 넘어 성공할 수 있을까?

우리의 부모 세대는 한번 배운 지식이나 기술을 평생 써먹으면서 살았다. 하지만 내가 익힌 지식과 기술의 수명이 점점 짧아지고 있다. 평생을 공부해야만 살아남을 수 있는 세상이다.

우리는 그동안 4개 또는 5개 가운데 하나만 잘 고르면 되는 세상에서 살았다. 객관식 시험을 잘 풀기만 해도 어느 정도 삶이 보장되었다. 그렇게 해도 대학에 가고 직장에 취업했다. 성공을 위한 공식이 매우 단순했다. 열거된 몇 개 중에 하나만 골라내는 능력만 갖추어도 잘살 수 있었다.

그러나 상황이 완전히 바뀌었다. 정답이 없는 세상이다. 살아가면서 만나게 될 숱한 질문과 문제에 답을 찾아야 한다. 답이 하나라면 다행인지만, 수천수만 가지의 답 가운데 선택해야 한다. 상황이 더 복잡한 건 내가 고른 정답이 내일이면 의미를 잃을 수도 있다는 점이다. 참 복잡하고 어렵고 예측할 수 없는 세상이다.

실용성이 강화되는 시대일수록

인문학의 중요성이 더욱 커지고 있다.

특정한 기술이

쉽게 보편화되는 사회에서

차이를 만드는 것은 기술이 아니라

콘텐츠이기 때문이다.

고전에서
답을 찾다

하지만 세월이 흘러도 변치 않는 진리가 있다. 그 진리를 담고 있는 책이 바로 '고전'이다.

고전은 수십 년, 수백 년 전, 수천 년 전에 쓰였다. 그런데도 아직 많은 사람이 읽고 있다. 왜 고전을 읽어야 할까?

고전은 오랜 세월을 관통해 오면서 오류가 검증된 지혜를 담고 있다. 인간이 이 지구에 등장한 이후로 타고난 본성은 거의 변하지 않았다. 고전을 접해야 하는 이유는 지금껏 변하지 않았고, 앞으로도 변하지 않을 인간을 통찰하기 때문이다. 나날이 지식과 정보가 업그레이드되고 진실이 모습을 변형하는 지금, 더욱 고전이 필요하다. 변치 않는 진리를 내 안에 품고 있어야 빠르게 변화하는 세상에서 중심을 잡을 수 있다. 변치 않는 지혜의 힘으로 시시각각 다가오는 문제를 헤쳐 나갈 수 있다.

고전은 재미없다, 어렵다는 생각이 드는가? 그렇다. 나도 때로는 재미없고 어렵다. 그래서 고전을 본격적으로 접하기 전에 고전에 쉽게 접근하도록 돕는 책 한 권을 소개할까

한다. 조윤제 님의《고전은 당신을 배신하지 않는다》이다. 이 책을 소개하는 문구가 눈에 띈다.

알 수 없어 막막하고, 막막하기에 불안한 인생의 기점에서 당신이 수없이 마주했던 고민들은 이미 오래전 위대한 학자들도 똑같이 했던 인생의 고민들이다.

시간의 축적이 만든 고전 속 지혜는 당신의 어지러운 마음을 잡고 이정표를 세우는 단 하나의 해답이 되어 줄 것이다.

맞다. 당신이 했고, 지금도 하고 있는 고민들을 오래전의 선현先賢들도 했다. 그리고 그 해답을 고전으로 남겼다. 우리는 그들이 남긴 해답을 내 삶에 가져오기만 하면 된다.

오늘 당신의 손에 한 권의 고전이 쥐어져 있기를…….

첫사랑과
소설책의
기적

—

나의 첫사랑은 중학교 2학년 때 찾아왔다.

2학년 첫 학기, 첫 국어 시간이었다. 선생님이 교실로 들어오셨다. 미소가 밝은 단아하고 고운 분이었다. 목소리도 나긋나긋하고 편안했다.

선생님은 수업을 시작하기 전에 항상 소설을 읽어 주셨다. 교실은 선생님의 고운 목소리로 가득했다. 선생님은 구전동화를 읽어주듯 감정을 넣어 생생하게 이야기를 전해 주셨다. 우리는 웃다, 침울하다, 화를 내다가 행복했다. 이야기를 듣는 동안 수많은 감정이 요동쳤다. 선생님께서 소설을 읽어 주시는 동안 나는 영화를 보는 듯한 환상에 빠져들었다. 나는 선생님이 읽어 주는 소설의 주인공이 되어 환상 속을 여행하다가 현실로 돌아왔다. 청춘 남녀의 간절하고 애틋한 이야기를 들으면서 나도 아름다운 사랑을 꿈꾸었다. 한창 이성을 향한 호기심이 솟아오르던 사춘기 시절 남녀 간의 사랑은 판타지 그 자체였다.

"자, 이제 책 펴라."

"선생님, 5분만 더 읽어 주세요."

"다음 시간에 계속 읽어 줄게. 그만 책 펴."

소설을 읽어 주는 시간은 딱 10분이었다. 아이들은 큰 아쉬움을 뒤로하고 책을 펼쳤다.

어느새 나는 국어 선생님을 짝사랑하게 되었다. 매일 국어 시간을 손꼽아 기다렸다. 나뿐만이 아니었다. 어수선하기 마련인 중학교 수업 시간에 반 아이들 모두가 눈을 말똥말똥 뜨고 선생님을 기다렸다. 심지어 다소 거친 아이들도 국어 시간만큼은 순한 양이 되었다. 늘 뒷자리를 차지하고서 약한 아이들을 괴롭히는 친구들도 국어 선생님이 들려주는 이야기를 들으면서 조금씩 순화되어 갔다. 소설이 한 권, 두 권, 세 권으로 쌓여 갈 즈음 우리 반 아이들은 확실히 달라졌다. 선생님의 따뜻한 마음과 아름다운 이야기가 엄청난 변화를 만들었다.

세상에는 자극적인 것들로 넘쳐난다. 수많은 정보와 영상이 유통되는 시대에 보다 더 자극적이어야 대중의 이목을 끌 수 있다. 또 그래야만 돈을 벌 수 있다.

사람은 환경의 영향을 받는 동물이다. 자극적인 콘텐츠에 노출된 탓인지 사람들도 점점 더 난폭하고 폭력적으로 변해 가는 것 같다. 내가 어떤 환경에 속하느냐에 따라 내 미래가 결정된다.

좋은 책을 많이 읽은 사람 중에 극히 나쁜 사람은 별로 없다. 대부분의 책이 선한 것을 말하기 때문이다. 책은 우리에게 착하고 성실하게, 또 남을 배려하고 사랑하면서 살라고 알려 준다. 그런 책을 많이 접할수록 우리의 감정과 태도도 거기에 동화된다.

코넬 대학교의 석좌 교수이자 행동경제학자인 로버트 H. 프랭크Robert H. Frank는 자신의 저서 《행동의 전염Under the Influence》에서 이렇게 말한다.

'사회적 환경과 주변 사람이 개인에게 강력한 영향을 미

친다.'

담배 피우는 친구가 주변에 많으면 나도 담배를 피우게
된다. 즉 사람은 주변의 사람과 환경에 따라 많은 부분에서
삶이 좌우된다.

아이든 성인이든 어떤 환경에 노출되느냐에 따라 삶이
결정될 수 있다. 사회생활을 하면서 내가 원하는 환경을 만들
기는 어렵다. 매일 학교에 가고 직장에 출근하고 거친 생활
전선에서 고군분투한다. 내 의지와 상관없이 해야 하는 것들
이 너무나 많다.

그렇지만 나의 자유의지로 선택할 수 있는 것이 있다. 바
로 책이다. 좋은 양서를 통해 좋은 선택을 할 수 있다. 불우한
환경 속에서도 나를 지킬 수 있다. 좋은 책은 내 미래의 올바
른 방향을 보여 준다.

나의 '행동'을 결정하는 것은 내 '생각'이다.
내 '생각'을 결정하는 많은 부분에 '환경'이 영향을 미친다.
나를 둘러싼 환경 가운데 내 의지로 결정할 수 있는 것이
'책'이다.
오늘 내 마음을 따뜻하게, 평온하게, 행복하게 해 줄 책

한 권을 읽어 보자. 그 책이 당신을 원하는 세상으로 안내해 줄 것이다.

좋은 책은 내 인생에 행복을 가져오는 마중물이다.

Chapter 4

지금껏
잘해 왔다고
나에게
말해 주는
시간

우연한 부자도,

우연한 행복도

없다

라면 반 개와 밀가루 두 스푼
그리고
희망 한 스푼

—

30대 후반에 모든 것을 잃었다.

집이 넘어갔고 아내가 떠났다. 사랑하는 아버지도 하늘로 가셨다.

영등포 시장 부근의 한 달에 13만 원 하는 쪽방에 살았다. 빚에 쫓기며 숨어 지냈다. 돈이 없었다.

하루 끼니를 라면 한 봉지로 해결했다. 선반 위의 낡은 부루스타를 꺼냈다. 얼마 전 아파트 분리수거함에서 주운 찌그러진 양은 냄비를 올렸다. 물을 가득 부었다. 라면을 꺼내 절반으로 쪼갰다. 나머지 반 개는 저녁에 먹어야 했다.

라면 반 개로는 허기진 배를 채우기에 부족했다. 라면이 끓기 시작하면 밀가루를 2스푼 정도 풀었다. 밀가루를 넣으면 국물이 걸쭉해진다. 이렇게 먹으면 라면 반 개만 먹을 때보다 제법 든든했다. 반찬은 없다. 라면 한 젓가락 먹고 굵은 소금을 찍어 먹는다. 라면의 부드러운 식감과 소금의 바삭한 식감이 제법 어울린다.

라면 하나로 하루 식사를 해결했던 15년 전……. 그 시절 기억이 지금도 생생하다.

모든 것을 포기하고 그만 삶을 마감하고만 싶었던 나날들. 그런데 배는 고팠다. 당장 죽을 생각을 하는데도 배고픔은 견딜 수 없었다. 라면 반 개라도 먹으면, 그 시간만큼은 행복했다. 마음이 아니라 몸이 행복을 느꼈다. 하루하루가 좌절과 절망, 슬픔으로 꽉 차 있을 때도 아침과 저녁, 밀가루 라면을 먹는 그 시간이 기다려졌다.

무언가를 기대하고 기다린다는 것, 그것은 아직 꺼지지 않은 생명의 힘이 남아 있음을 의미했다. 그렇게 희미하고 가느다란 생명줄을 부여잡고 견딘 시절이었다. 그리고 그때의 나에게도 아주 작은 희망이 생겼다.

옆방에 50대 중년 남성이 살았다. 사업에 실패하고 쪽방에서 사는 처지가 나와 비슷해서 서로 의지했다. 그는 쪽방에서 1년여를 살다가 당산역 부근 고시원으로 거처를 옮겼다. 한 달 후쯤 나를 찾아왔다. 자신이 살고 있는 고시원에 가자고 했다.

한 평 정도 되는 작은 고시원이었다. 밖으로 나 있는 작은 창문도 있고, 자그마한 침대도 있었다. 침대 위에 조그만 책상이 있고, 거기에 작은 TV도 놓여 있었다. 내가 살고 있던 쪽방에 비하면 호텔이었다. 월세가 얼마냐고 물었더니, 28만 원이라고 했다. 쪽방보다 2배 정도 비쌌다. 그때 내 머릿속에 든 생각. '와, 이런 고시원에서 살고 싶다.'

꿈이 생겼다. 희망이 생겼다. 목표가 생겼다.

"그래, 조금만 더 견뎌 내자. 다시 해 보는 거야."

그 소박한 꿈이, 작은 희망이, 초라한 목표가 나를 다시 살게 했다.

3개월 뒤에 고시원으로 이사했다. 3개월 만에 꿈과 희망, 목표를 이룬 것이었다. 그 꿈을 이루고 나니, 그다음 꿈을 꿀 수 있었다.

'더 열심히 살아서 화장실이 딸린 작은 원룸으로 이사하자.'

그 작은 희망들이 나를 여기까지 이끌어 주었다.

지금 많이 힘든가요?

모든 것을 포기하고 싶은가요?

한 줄기 희망도 찾을 수 없나요?

그렇다면 티끌만큼 작은 꿈을 찾아보세요.

그 작은 꿈을 이루면, 더 큰 꿈을 꿀 수 있는 희망이 생겨요.

그것은 막연한 꿈이 아니에요. 현실로 이룰 수 있다는 확신에 찬 희망이에요.

그렇게 한 걸음씩만 걸어가 보세요.

포기하지 마세요. 자신을 믿으세요.

나에게 작은 희망의 불씨가 꺼지지 않는 한 살아갈 수 있어요.

그렇게 계속 걸어다가 보면, 머지않아서 나의 세상을 만나게 될 거예요.

오늘 저녁은 세상에서 가장 맛있는 라면을 먹어야겠어요.

세상에서 가장 맛있는 라면의 레시피가 궁금한가요?

라면 반 개와 밀가루 두 스푼입니다. 수프의 양을 잘 조절해야 해요. 남은 라면을 먹을 때 써야 하니까요. 아, 반찬이

필요하겠네요. 굵은소금이면 충분해요. 그리고 오래지 않아
이룰 수 있는 작은 꿈도 한 스푼 넣으세요.

　15년 전 쪽방에서 먹던 그 라면을 만들어 먹을 생각에
가슴이 부풉니다.

쉽게 이룰 수 있는 작은 목표를 하나 세우자.

그 목표를 징검다리 삼아 그다음 단계로 향하자.

그렇게 한 걸음 한 걸음 꿈을 향해 나아가자.

왜 여자가
남자보다
오래 살까?

—

통계를 보면, 여자가 남자보다 평균 6년 이상 오래 사는 것으로 나타난다. 왜 여자가 남자보다 더 오래 살까? 그 이유가 '감동' 때문이라고 하는데, 수긍이 갔다.

우리가 살아가는 궁극적인 목적은 '행복한 삶'을 영위하기 위해서다. 그렇다면 일상에서 어떻게 행복을 누릴 수 있을까? 바로 크고 작은 감동이다. 감동을 하면 인체 내에 엔도르핀 호르몬이 분비되는데, 이 엔도르핀은 건강을 유지해 주고 병을 치유해 주는 만병통치약이다.

10년 넘게 강연을 다니면서 수많은 사람을 만났다. 그런데 강의를 하다 보면 남자와 여자의 확실한 차이점을 발견하게 된다. 바로 리액션이다. 남자들은 어떤 이야기를 들려주어도 표정에 거의 변화가 없다. 반면에 여성들은 웃고 감탄하고 즐거워한다. 긍정적인 감정을 온몸으로 표현한다. 이처럼 긍정적인 감정을 받아들이고 그것을 표현할 때 몸에서 엔도르핀이 분출된다.

여자가 남자보다 오래 사는 이유가 바로 이것이다. 남성은 여성에 비해 감탄하고 감동하는 빈도가 떨어진다. 그래서 여성보다 수명이 짧다.

어떻게 하면 건강하게 오래 살 수 있을까? '소소하지만 확실한 행복(소확행)'을 추구하면 된다. 남 보기에는 보잘것없을지 몰라도 각자마다 확실하게 행복을 보장해 주는 행위들이 있다. 그렇게 나만이 누릴 수 있는 작은 행복을 찾고 그것을 실천해 보라. 나는 하루에 누릴 수 있는 소확행 리스트가 100가지가 넘는다. 예를 들면 음악 듣기, 책 읽기, 산책하기, 명상하기, 초콜릿 먹기, 펜 모으기 등등이다. 이렇게 하루 동안에 할 수 있는 소확행을 추구하면서 감동하고 감탄하다 보면 내 몸에 엔도르핀이 돈다.

한순간에 엄청난 기쁨과 행복이 찾아오기를 기다리는 심리는
도박판에서 잭팟을 기대하는 것과 크게 다르지 않다
일상의 소소한 감동과 행복을 하나둘 발견하고 채집한다면,
그 부피가 점점 커진다. 행복도 습관이다.

나에게는 출근하기 전에 빼먹지 않는 일종의 의식이 있다. 차에 오르기 전 10분 동안 아파트 단지 주변을 산책하는 것이다. 산책을 하다 보면 돌 틈에 자라난 작은 풀을 만난다.

"야, 너 참 예쁘다."

"이 틈에서 꿋꿋이 잘사는 걸 보니, 너 참 대단하구나."

"와, 바람이 부네."

"하늘이 맑아서 참 좋다."

"하늘의 뭉게구름이 정말 예쁘구나."

"음, 새벽 공기 냄새가 아주 좋아."

10분 동안 산책을 하면서 수십 번의 작은 감동을 체험한다. 그러면 확실히 기분이 좋아지고 몸이 가벼워지는 걸 느낀다.

오늘부터라도 내 삶 속에서 누릴 수 있는 작은 감동거리들을 찾아보자. 그때 느끼는 감동을 말하고 표현해 보자. 그럼 삶이 이전보다 훨씬 더 행복해질 것이다. 행복은 항상 내 곁에 있고 내 안에 있는 행복을 찾아내는 것에서부터 시작된다.

1987년 12월,
그날을
평생 잊을 수가 없다

—

"이 이병."

"이병 이의상."

"너 참 안됐다. 불쌍해서 어쩌냐, 쯧쯧."

운전병이 걱정스러운 표정으로 말했다. 소대 배치를 받은 나는 이동하는 군용차 안에 있었다. 그때까지만 해도 운전병의 말을 이해하지 못했다. 그러나 그 말의 뜻을 이해하는 데 채 1시간도 걸리지 않았다. 소대에 도착해서 내가 차에서 내리자마자 김 상병이라는 이가 군기를 잡았다. 조금의 실수도 용납하지 않았다. 경례 자세가 0.1센티미터만 어긋나도 불호령이 떨어졌다. 5소대의 김 상병은 부대

내에서 악명이 자자한 인물이었다.

극한의 얼차려가 이어졌다. 감당하기 힘들 만큼 구타도 심했다. 혹독한 하루가 지나고 한 주가 지나갔다. 지옥이 있다면 이런 곳일 거라고, 진심으로 생각했다. 하루에도 수백 번 탈영하고 싶다는 생각을 했다. 아침에 잠에서 깨면 눈을 뜨는 게 두려웠다. 또다시 지옥 같은 하루가 시작되기 때문이다. 내가 이곳에 있다는 걸 부정하고 싶었다. 그렇게 하루하루 지옥과도 같은 군 생활을 견뎠다.

1987년 12월의 그날을 평생 잊을 수가 없다. 영하 13도까지 떨어진, 한 치 앞을 분간하기 힘들 정도로 눈보라가 거센 날이었다. 횡횡, 하는 칼바람 소리가 고막을 때렸다. 세찬 칼바람과 함께 눈이 얼굴을 때릴 때마다 추위보다 통증을 먼저 느껴졌다. 15킬로그램이 넘는 완전 군장을 하고 있는데다 발목까지 눈이 쌓여서 한 걸음 한 걸음 내딛기가 너무나 힘겨웠다. 호흡이 턱밑까지 차올랐다.

소대원 10명은 부식을 받기 위해 3킬로미터 거리의 GOP 철책까지 이동해야 했다. 눈 때문에 부식을 실은 차량이 올라올 수 없었던 것이다. 소대원이 일주일 치 식량을 직접 날라야 했다. 30여 분을 걸어서 부식 배급 차량까지 겨우 도착했다. 가장 무거운 것은 소대원이 일주일 동안 먹어야 할 40킬로그램짜리 쌀 포대였다.

"이 이병, 이리 와 봐."

악명 높은 김 상병이 나를 불렀다.

"이병, 이의상!"

나는 지친 가운데에도 내가 낼 수 있는 가장 큰 소리로 외쳤다. 대답 소리가 그의 마음에 들지 않으면 여지없이 군홧발과 주먹이 날아왔기 때문이다.

"네가 소대까지 이 쌀을 지고 간다. 알았나?"

"네, 알겠습니다!"

"할 수 있나?"

"네, 할 수 있습니다!"

당시 내 몸무게가 63킬로그램이었다. 착용한 완전 군장과 방탄조끼, 소총의 무게를 합쳐 15킬로그램에 쌀 포대의 무게 40킬로그램까지 더해져 내가 짊어져야 할 무게가 55킬로그램이었다. 가야 할 길은 약 3킬로미터. 그것도 눈이 발목까지 쌓인 험한 길을 가야 했다. 게다가 눈보라까지 거세서 몸을 가누기가 쉽지 않았다. 더욱 절망적인 사실은, 올 때는 내리막길이었지만 갈 때는 오르막길이라는 점이었다.

부식 차량에 지게가 있었다. 그걸 어깨에 메고 무릎을 꿇었다. 김 상병이 쌀 포대를 지게에 얹었다. 그런데 그가 지게에 올린 건 쌀만이 아니었다. 어림잡아도 30킬로그램이 넘는 무가 가득 담긴 포대까지 얹었다. 내가 짊어져야 할 무게는 내 군장까지 포함해서 90킬로그램이 넘었다.

몸을 일으키려 했지만, 도저히 일어설 수가 없었다. 안간힘을 썼지만 꿈쩍도 하지 않았다. 김 상병의 살기 가득한 음성이 들려왔다.

"너 이 새끼, 빠져 가지고. 그것도 못 드나? 죽고 싶나?"

내가 아는 한 그의 말은 결코 엄포가 아니었다. 정말로 나를 죽일 수도 있는 그런 작자였다. 그가 나를 죽일 듯이 다가왔다.

"지금부터 셋 셀 동안 일어서지 않으면, 넌 오늘 나한테 죽는다."

그러고 나서 숫자를 세기 시작했다.

"하나, 둘……."

나는 모든 힘을 다리에 집중했다. 세포 하나하나에 있는 모든 힘을 끌어 모았다.

"이얍!"

나는 기합을 내뱉으며 일어섰다. 순간, 나도 놀랐고, 김 상병도 놀랐다. 너무 놀라서 동그래진 그의 눈을 아직도 기억한다.

30년이 지난 지금도 그때의 기억이 생생하다. 극한의 정신력이 육체의 한계를 넘어서는 체험을 한 그날을. 그때의 그 경험이 나를 조금은 강하게 만들었다.

일체유심조!

모든 것은 마음먹기에 달렸다는 사실을 몸으로 직접 체험했다.

감명 깊게 본 영화 중 하나가 〈아이 엠 솔저I am soldier〉다. 영화의 주인공은 영국군 특수 부대인 SAS에 지원한다. 특수 부대원이 되기 위해서는 상상을 초월하는 훈련을 통과해야 한다. 훈련이 진행되면서 지원자들이 하나둘 포기하고 탈락한다. 잊을 수 없는 장면이 있다. 육체와 정신의 한계점에 다다른 주인공에게 교관이 말한다.

"얼마만큼의 고통을 견딜지는 자신이 결정한다."

"몸은 만신창이가 될 거다. 하지만 모든 건 자신에게 달려 있다."

이 장면을 나는 수십 번 되돌려 보았다. 나에게 꼭 필요한 말이기 때문이다.

지금 나는 〈아이 엠 솔저〉의 주인공처럼 거의 한계점에 이르렀다. 50대 중반에 아무도 하지 않은 도전을 했다. 새로운 시장을 개척하고 만들어 가야 한다. 갈 길이 멀다. 그 길의 끝까지 닿을 수 있을지도 알 수 없다. 그래서 힘들고, 두렵고, 무섭다. 포기하고 싶을 때도 있다. 하지만 포기는 타인이나 세상이 아니라, 오직 내가 결정한다.

지금 내게 필요한 건 21살 때 눈보라가 휘몰아치는 철원의 대지에 서 있는 나, 90킬로그램의 짐을 짊어지고 육체의 한계를 극복한 나, 그때의 나를 다시 소환하는 것이다.

모든 것은 마음먹기에 달려 있다.

한 번의
심호흡

—

"야, 이 새끼야!"

화를 참지 못해 돌이킬 수 없는 엄청난 실수를 한 적이 있다.

1986년 대학교 1학년 기말고사 시즌이었다. 시험 시작 20분을 남겨 둔 시각이었다. 준비가 부족해서 벼락치기 공부를 하고 있었다. 전날 본 시험을 완전히 망쳤기 때문에 그날 시험에서 만회해야 했다. 요약 노트를 보며 매달렸다. 한시가 급했다. 그때 뒤에 앉은 친구가 내 등을 쿡 찔렀다.

"장난하지 마라. 나 지금 바쁘다."

나는 약간 짜증난 투로 친구에게 말했다.

그런데도 친구가 내 등을 더욱 세게 찔렀다.

"야, 하지 말라니까."

마음이 급했던 나는 조금 더 큰 소리로 말했다. 그런데 이번에는 내 어깨를 툭툭 쳤다. 결국 폭발하고 말았다.

"야, 이 새끼야! 하지 말라고 했잖아!"

친구는 놀란 나머지 두 눈을 크게 뜨고 나를 바라보았다. 그러고는 기어드는 목소리로 말했다.

"난…… 네가 아침 안 먹었다고 해서 김밥 좀 먹으라고 한 건데……."

아침을 거른 내가 걱정되어서 자신이 싸 온 김밥을 나누어 주려고 했던 것이었다. 나중에 미안하다고 사과했지만, 그 날 이후 우리 관계는 서먹서먹해지고 말았다. 좋은 친구를 잃었다. 그 일로 오랫동안 죄책감을 안고 살았다.

"지금 좀 바쁜데, 왜?"

화를 내기 전에 그렇게 물었다면 좋은 친구를 잃는 일은 없었을 것이다. 돌이켜 보면 1초의 화를 참지 못해서 돌이킬 수 없는 실수를 많이 했다.

얼마 전 안타까운 뉴스를 접했다. 층간 소음으로 인해 일어난 살인 사건을 다룬 뉴스였다.

윗집과 아랫집이 그동안 층간 소음 문제로 여러 번 다툼을 벌였다. 사건이 일어난 날, 화가 머리끝까지 치민 아랫집 남성이 위층에 사는 40대 부부를 살해했다. 화라는 것이 이렇게 무섭다. 한순간에 타인의 생명을 빼앗고 자신의 삶을 망친다.

평소에는 순하디 순한 사람도 한순간의 욱하는 감정을 참지 못해 끔찍한 일을 저지르고는 한다. '참을 인 자 셋이면 살인도 면한다'는 말이 있다. 요즘 신문에 자주 오르내리는 폭력 사건을 보면서 떠오른 격언이다.

그런데 정말 참을 인 자 셋이면 살인도 면한다는 말이 맞을까?

정말 그렇다. 화가 날 때 감정에 지배당하지 말고, 딱 1초만 참아 보자. 1초 동안 눈을 감고 딱 한 번의 심호흡을 해 보자. 해 보면 안다. 그게 얼마나 큰 효과가 있는지를.

욱하는 감정을 그대로 표출하고 나면 후련할까? 잠깐은 그럴 수 있다. 하지만 긴 후회가 남는다. 1초 동안 심호흡을 하면서 화를 삼키면 대체로 이런 생각이 뒤따른다.

'차분하게 대처하길 잘했어. 화를 냈더라면 크게 후회했을 거야.'

요즘 사는 게 팍팍하다 보니 다들 예민해져 있다. 코로나가 장기화되면서 사회적 스트레스 지수도 높다. 영업시간이 제한된 자영업자들은 붕괴했고, 직장인은 조기 퇴직에 내몰리고 있으며, 대학 졸업생들은 마땅한 일자리를 찾지 못해 방황하고, 중년은 막막한 은퇴 준비로 힘겨워하고, 노인들은 빈곤과 외로움에 시달리고 있다. 그러다 보니 예전보다 훨씬 많은 사람이 분노 조절 장애를 겪는다. 조그마한 자극에도 쉽게 분노하고 폭발한다. 이로 인해 돌이킬 수 없는 상황이 자주 발생한다.

화는 밖에서 생기는 것이 아니다. 내 안의 그릇된 감정을 다스리지 못해 표출되는 거다. 외부에서 어떤 자극이 오든 그에 대한 감정과 행동을 선택하는 것은 오롯이 내 몫이다.

바깥에서 오는 자극에 곧바로 반응하지 말자. 딱 1초만 멈추자. 그리고 딱 한 번의 심호흡을 하자. 이 간단한 행위가 나를 진정시켜 준다. 내 안의 폭발하는 감정을 눌러 준다.

기억하자!

딱 1초.

딱 한 번의 멈춤.

딱 한 번의 심호흡.

5년 만에
50억을
벌었지만

—

지인 중에 빌라 분양 사업을 시작한 지 5년 만에 50억 원을 번 분이 있다. 하지만 승승장구하던 그는 불과 1년이 안 되어 돈을 모두 잃고 큰 빚을 떠안게 되었다. 그의 이야기를 잠깐 해 보겠다.

그는 5년 넘게 빌라 분양 시장에서 직원으로 일했다. 30대 후반에 독립하여 부평 지역에 빌라 분양 회사를 차렸다. 사업 수완이 좋아서 사업을 시작한 지 2년이 채 안 되어서 부평 지역의 판매 1위 업체가 되었다. 당시 그가 번 돈이 무려 20억 원이었다. 그 뒤로

부평과 부천 지역에서 사업을 하면서 5년 만에 50억 자산가가 되었다.

 그러나 그는 그처럼 많은 재산을 쌓고도 성에 차지 않았다. 더 빨리, 더 많은 돈을 벌고 싶었다. 직원 50명을 뽑아서 경기 일대와 서울까지 사업을 확장했다. 본점 외에 서울에 3곳, 경기 남부와 북부 2곳까지 총 6개 사업체를 운영했다. 그는 지점과 직원을 늘리면 짧은 시간 안에 큰돈을 벌 수 있을 거라고 생각했다.

 그러나 현실은 그의 생각과는 다르게 흘러갔다. 지점 운영비와 10배 늘어난 인건비 그리고 홍보 마케팅 비용을 매출이 따라오지 못했다. 더 큰 문제는 지점 관리가 제대로 안 되어 갖가지 고객 클레임이 들어오는 것이었다. 직원들이 삼삼오오 팀을 짜서는 인근에 분양 업체를 차려서 나갔다. 설상가상으로 직원이 계약한 건이 법적으로 문제가 되었고, 세무 조사까지 받았다. 번 돈을 모두 잃고 지점을 모두 정리해야 했다.

 결국 큰 빚을 떠안게 되었다. 가족과 함께 살 수 없는 상황이 되어 아내와 자녀는 친정에서 살아야 했다. 그 후 그는 조그마한 사무실에서 먹고 자면서 재기하기 위해 노력했다. 다행히 지금은 초심으로 돌아가 부평 지역에서 안정적으로 사업을 하고 있다.

한 달 전에 그가 사무실에 방문했다.

"요즘 사업은 좀 어떠세요?"

"다행히 잘되고 있습니다. 조그마한 집도 사서 6월부터는 아내와 아이들도 함께 살고 있어요."

"축하드려요. 그동안 많이 힘드셨죠?"

"네, 많이 힘들었지만 그 시간을 통해서 많이 배우고 느꼈습니다."

"앞으로 사업은 어떻게 해 나가실 건가요?"

"제 과욕이 문제였던 것 같아요. 앞으로는 욕심내지 않고 분수에 맞게 하려고요."

그는 한 번의 실패로 모든 것을 잃었지만, 자신을 돌아볼 계기를 갖게 되어 오히려 좋았다고 했다. 시련이 있었지만, 그는 그 시간을 통해 더욱 단단하고 겸손해져 있었다.

그와 헤어진 뒤 1년 전의 일이 생각났다.

어머니와 거실에서 TV를 보며 손톱을 깎고 있는데 갑자기 정전이 되었다. 사위가 짙은 어둠에 잠기고 아무것도 보이지 않았다. 핸드폰을 켜서 서랍에 있는 초를 찾았다. 다행히 손가락 한 마디 정도의 작은 초가 있었다. 초에 불을 붙였다.

탐욕은 어떠한 경우에도 인생에 플러스 요인으로 작용하지 않는다.

일시적으로 규모가 커지고 양이 늘어나는 듯 보이는

착시 현상을 가져올 뿐이다.

밝은 형광등에 익숙하게 지낸 탓에 초의 불빛이 매우 어둡게 느껴졌다. 좀 전에 깎다가 만 손톱이 신경 쓰였다. 마저 깎고 싶었지만 작은 초의 불빛으로는 제대로 손톱을 깎을 수가 없었다. 초의 심지를 길게 뽑으면 더 밝아질 것 같았다. 족집게로 초의 심지를 조심스럽게 뽑아서 길게 만들었다. 심지가 길어지니 예상대로 촛불이 더욱 커지고 주변이 좀 더 환해졌다.

그런데 잠시 뒤에 문제가 생겼다. 길게 뽑아 낸 심지 때문에 시꺼먼 그을음이 심하게 생겨났다. 그렇지만 손톱을 마저 깎기 위해 그대로 두었다. 잠시 후에 그을음 때문에 생긴 연기와 가스로 인해 기관지가 안 좋으신 어머니가 잔기침을 했다. 또 하나의 문제는 길게 뽑은 심지 때문에 가뜩이나 짧은 초가 더 빨리 녹아내린 것이었다. 초가 거의 다 타들어 갈 즈음 불이 들어왔다. 천장을 보니 초가 놓여 있던 자리의 천장 부분이 그을음으로 까맣게 얼룩져 있었다. 내 과욕이 여러 가지 문제를 만들었다.

아무리 급해도 바늘허리에 실을 매어 쓸 수는 없다. 모든 일에 순서가 있고 이치가 있고 정도가 있다. 그것을 넘어서려는 욕심이 화를 부른다.

삶을 돌이켜 보면 과욕 때문에 크고 작은 화를 불러들인 적이 많았다. 여러 번 경험했음에도 이 나이가 되도록 조절이 잘 안 된다. 내 욕심은 언제쯤 통제할 수 있을까.

오늘 내가
헛되이 보낸
하루는

—

40대 초에 축농증 수술과 코뼈 수술을 같이 했다. 예전부터 축농증을 앓았지만 그리 심하지 않아서 일상생활을 하는 데 큰 불편이 없었다. 그런데 감기를 심하게 앓은 뒤 증세가 점점 심해져서 코로 숨쉬기 힘들 지경이 되었다. 결국 미루고 미루다 수술을 하기로 결심하고 서울대병원에 찾아가 정밀 검사를 받았다. 의사가 말했다.

"축농증 수술도 해야 하지만, 코뼈가 좀 휘어 있는데요."

"네? 코뼈가 휘었다고요?"

"그래요. 예전에 크게 부딪친 적 있나요?"

"군에 있을 때 축구하다가 코를 심하게 부딪친 적이 있었는데, 그 때문인 것 같습니다."

"축농증 수술을 할 때 코뼈도 바로잡으면 좋을 것 같습니다."

"네, 그럼 그렇게 해 주세요."

의사와 상담하고 나서 며칠 뒤 입원했다. 고시원에서 어렵게 혼자 살고 있을 때였다. 어머니께서 걱정하실까 봐 알리지 않았다.

수술 후 입원 기간은 약 15일이었다. 7일 정도만 입원하고 통원 치료를 할 수도 있었다. 그러나 얼굴이 많이 붓고 코에 붕대를 대고 있어야 해서 통원 치료는 여러 가지로 불편할 것 같았다. 무엇보다 내가 사는 고시원의 환경이 열악해서 입원 치료를 하는 것으로 계획을 잡았다.

병원에 입원한 날이 12월 20일이었다. 수술은 다음 날 오후 2시경에 시작했다. 수술이 끝나고 마취가 풀리자 진통제를 맞았는데도 참기 힘든 통증이 밀려왔다. 심한 통증과 답답함 때문에 며칠 동안 제대로 잠을 잘 수 없었다.

3~4일 정도 지나자 통증이 조금씩 줄어들었다. 그러나 수술하면서 코를 막아 놓아서 코로 숨을 쉴 수가 없었다. 숨

을 쉬지 못하니 답답해서 미칠 지경이었다. 입원하고 5일째 되는 날은 12월 25일, 크리스마스였다. 퀴퀴한 냄새가 진동하는 6인실 병동에 누워 있으려니 더욱 답답했다. 바깥세상과 격리된 지 5일밖에 안 되었는데도 하루 빨리 퇴원하고 싶은 마음이 굴뚝같았다.

그나마 내 침대 자리가 창가 쪽이어서 창밖을 바라보며 시간을 보낼 수 있었다. 저녁 6시경 병원에서 나온 맛없는 저녁을 먹고 창밖을 물끄러미 바라보았다. 도로는 차량으로 가득하고 인도에서는 사람들이 바쁘게 오갔다. 상가 곳곳에서는 크리스마스트리가 반짝였다. 연인들이 정겹게 그 풍경 속을 거닐고 있었다. 병원 앞 분식 포장마차에서 음식을 맛있게 먹고 있는 사람들도 보였다. 세상 사람 모두가 크리스마스에 들떠 있었다.

고립된 병원 입원실에서 바라본 바깥세상의 풍경은 모든 것이 아름다웠다. 그들의 사소한 일상 하나하나가 부러웠다.

내 옆자리에는 50대 중년으로 보이는 남성이 입원해 있었다. 중환자실에서 3개월 넘게 있다가 일반실로 옮긴 분이었다. 남성 곁에는 아내로 보이는 분이 하루 종일 붙어서 간병을 했다.

밤 11시경 환자는 깊은 잠에 빠지고 간병을 하는 아내는 초점 없는 눈동자로 간이침대에 우두커니 앉아 있었다. 나는 그녀에게 주스 한 병을 건넸다.

"남편분께서는 어디가 불편하세요?"

"올여름까지만 해도 멀쩡했어요."

"그런데요?"

"9월 추석을 앞두고 갑자기 쓰러졌어요. 다행히 병원에 빨리 와서 생명은 구했지만, 평생 불구로 살아야 한대요."

난 뭐라 할 말이 없었다.

"남편과 손잡고 이야기하면서 병원 앞을 한번 걸어 보는 게 소원이에요. 가능할지 모르겠네요."

불평과 불만으로 가득했던 나의 지난 시간을 돌아보았다. 온갖 불평을 쏟으며 투덜거렸던 나의 일상이 그 부부에게는 소중한 꿈이고 기적일 수 있겠다는 생각이 들었다. 나는 그녀와 대화를 마치고 다시 창밖을 바라보았다. 밤 11시가 넘은 시각, 병원 입원실에 갇혀 바라본 바깥세상은 유난히 아름다웠다.

왠지 목이 메고 눈물이 났다. 그 무렵 나는 손바닥만 한 수첩을 항상 지니고 다녔다. 수첩의 첫 장을 펼쳤다. 첫 장에는 수첩을 구입한 뒤 내가 직접 큼직하게 쓴 문구가 적혀 있었다.

오늘 내가 헛되이 보낸 하루는
어제 죽은 이가 그토록 원했던 내일이다.

그래, 내가 어떤 상황에 있든, 어떤 일을 하고 있든, 내가 불평하고 불만을 쏟았던 하루하루의 평범한 일상들이 모두 행복이고 기적이었구나. 수첩을 덮고 다시 창밖을 바라보았다. 묵직한 것이 가슴에 얹혔다.

헛되이 보낸 어제를 생각하며 부끄러워할 수 있는 사람만이

내일 웃을 수 있다.

90대 노부부,
무병장수의
놀라운 비밀

—

무병장수의 비결은 무엇일까?

얼마 전 TV에서 노부부의 소소한 일상을 지켜보면서 그 비밀의 일부를 알게 되었다.

노부부는 결혼한 지 70년 가까이 되었다. 같이 산 세월만큼이나 서로에게 익숙하기 때문인지 주고받는 대화는 무척 투박하다. 하지만 밭일을 하러 가는 경사 길에서 할아버지가 손을 내밀고 할머니는 아무렇지 않게 그 손을 잡는다. 무심한 듯하면서도 알게 모르게 서로를 생각하는 마음이 드러난다. 밤에는 밭농사로 지친 몸을 번갈아 가면서 주물러 준다. 서로를 의지하며 살아가는 모습이 참 아름답다.

내외는 시골에 살며 농사일에 시달리면서 이제껏 병원에 가 본 일이 거의 없다고 한다.

이 노부부는 둘 다 90대이지만, 무척 건강했다. 특별히 보약을 먹는 것도 아니고 건강을 위해 운동을 하는 것도 아니다. 그저 평범한 일상을 살고 있다.

'노부부가 저렇게 건강을 유지하는 비결이 뭘까?'

며칠 전에 건강 관련 서적을 보다가 노부부의 건강과 장수의 비밀을 알게 되었다. 책은 무병장수의 과학적인 근거에 대해서 자세히 밝히고 있었다. 그 비밀은 부부 간의 사랑이다. 부부가 서로 사랑하면 건강하고 장수하는데, 사랑하면 옥시토신이라는 놀라운 호르몬이 분비되기 때문이다. 옥시토신 호르몬은 사람의 수명과 건강에 매우 중요한 역할을 한다. 특히 부부 간의 포옹과 안마 등 스킨십이 잦으면 옥시토신 수치가 크게 높아진다는 연구 결과가 있다. 부부가 주고받는 배려의 말과 사랑이 무병장수에 큰 영향을 미치는 것이다.

얼마 전에 신경정신과 의사에게서 놀라운 이야기를 들었다.

혼자 사는 노인이 치매에 걸릴 확률은 그렇지 않은 경우

잘살고 싶다는 욕구의 토양에는

'사랑하는 사람을 위해서'라는 마음의 씨앗이 있다.

그래서 사랑은 우리를 잘살게 만드는

출발점이기도 하다.

보다 2배 이상 높다고 한다. 하지만 치매에 걸릴 확률을 절반으로 줄이는 아주 간단한 방법이 있다.

"노인들이 치매를 예방하는 간단한 방법이 있다고요?"

"네, 아주 간단한 방법입니다. 이것만 해도 치매를 절반으로 줄일 수 있어요."

"그게 무엇이죠?"

"하루에 10분 이상 대화를 하는 거예요."

나이 들수록 타인과의 관계와 소통의 기회가 줄어든다. 하루에 10분 대화하는 게 뭐 어려운 일이냐고 생각하겠지만, 홀로 사는 노인은 하루 종일 다른 사람과 이야기할 기회조차 갖지 힘들다.

10분 대화하는 것만으로도 치매에 걸릴 확률이 절반으로 줄어드는데, 하물며 부부가 사랑하며 따뜻한 대화를 나눈다면 무병장수하는 것이 놀랍지도 않다. 내가 본 TV 프로그램의 90대 노부부가 건강하게 장수한 이유 역시 사랑이었다. 노부부가 주고받는 대화와 서로를 위하는 마음, 안마 등이 두 분을 건강하게 만든 비밀이었다. 건강하게 살기 위해서는 음식과 운동, 수면, 스트레스 조절 등이 중요하다. 그러나 그보다 훨씬 중요한 것이 사랑이다.

혼자 사는 노인이 반려견과 함께 살면 그렇지 않은 노인보다 평균 수명이 7~8년 늘어난다고 한다. 강아지와의 유대감과 스킨십 때문이다. 사람과 동물 간의 사랑을 통해서도 건강한 삶을 살 수 있다. 하물며 사람 간에 나누는 사랑은 얼마나 힘이 강할까? 사랑의 온도를 1도 올리면, 건강과 행복의 온도는 10도 올라갈 것이다.

나는 여든을 넘기신 어머니와 함께 살고 있다. 반려견 모모를 키운 지는 8년이 되어 간다. 엄마는 하루 종일 모모와 함께 지낸다. 모모와 산책하고, 눈을 마주 보고, 마음의 대화를 하며, 스킨십도 많이 한다. 그래서 그런지 연세는 더 드셨지만, 모모를 키우기 전인 70대 때보다 훨씬 더 건강해지셨다.

그런데 문제는 바로 나다. 나는 요즘 매일 새벽에 출근해서 밤늦게 집에 들어간다. 어머니와 대화하는 시간이 하루에 5분도 안 되는 것 같다. 앞으로는 조금만 더 일찍 퇴근해야겠다. 어머니와 이야기를 주고받고 한 번이라도 더 안아 드려야겠다. 평소에 하지 않던 일을 갑자기 하면 어머니가 이상하게 여기겠지? 천천히 조금 더 가까이 다가서야겠다. 어머니와 나의 건강하고 행복한 무병장수를 위해서.

곡괭이와
천사 같은
그녀

—

1987년 7월경이었다.

그때 나는 살면서 처음 일방적으로 매를 맞았다.

당시 나는 군 입대를 2개월 앞두고 있었다. 전역 후 복학할 때 등록금이라도 벌려고 아르바이트를 했다. 종로구청에서 하는 보도블록 교체 현장의 막노동이었다. 하는 일은 간단했다. 기존에 깔려 있던 보도블록을 곡괭이로 깨서 트럭에 싣는 일이었다. 일이 단순한 데 비해 힘이 들었지만 다른 아르바이트보다 돈벌이가 괜찮았다.

종로 3가의 공사 업체 사무실로 6시 30분까지 출근했다. 그곳에서 작업복으로 갈아입고 현장으로 갈 준비를 했다. 공사 업체에서 주는 곡괭이를 챙겨 들고 함께 일할 3명과 함께 트럭 짐칸에 올라탔다. 종로 3가 공사 현장에 도착하면 일이 시작되었다. 매일 지급되는 일당 받는 재미가 쏠쏠했다.

일을 시작한 지 일주일쯤 지난 7월 중순이었다. 보도블록의 열기와 아스팔트의 열기로 체감 더위는 기온보다 10도 이상 높았다. 뜨거운 뙤약볕 아래에서 땀을 많이 흘린 탓에 오전이 지나기도 전에 체력이 바닥났다. 점심으로 얼음이 동동 뜬 콩국수를 곱빼기로 먹었다.

오후 1시, 다시 뜨거운 뙤약볕 현장으로 향했다. 오후는 오전보다 훨씬 더 더웠다. 한증막에 있는 것처럼 습하고 뜨거웠다. 들고 있는 곡괭이가 평소보다 두세 배는 무겁게 느껴졌다.

오후 3시경, 뜨거운 태양을 피해 가로수 그늘 아래서 잠시 휴식을 취할 때였다. 20미터 앞에 있는 버스 정류장에 버스가 정차하고 한 여인이 내렸다. 하늘거리는 하얀색 원피스를 입은 그녀 주위에서 빛이 나는 것 같았다. 천사가 있다면 저런 모습이 아닐까. 나는 넋을 잃고 그녀를 바라보았다. 내가 앉아 있는 곳으로 그녀가 천천히 걸어올 때 심장이 멎는 것만 같았다.

나는 전형적인 A형 성격이다. 미팅에 나가도 말 한마디 못하고, 마음에 드는 상대가 있어도 애프터 신청을 하지 못할 정도로 소심했다. 그런 내가 그녀에게 말을 걸어 보겠다는 용기를 냈다. 그녀를 그냥 이렇게 보내면 평생 후회할 것 같았다. 나는 무언가에 홀린 듯 그녀의 뒤를 따라 걸었다.

그녀는 100미터쯤 가다가 오른쪽 골목으로 접어들었다. 나는 그녀를 놓칠세라 빠른 걸음으로 뒤쫓았다. 그렇게 조금씩 거리를 좁혀 갔다. 그녀는 내가 쫓아오는 것을 느꼈는지 걸어가면서 뒤를 힐끔 돌아보았다. 그때 분명히 보았다, 마치 세상에서 가장 무서운 것을 본 듯 겁에 질린 그녀의 표정을. 그때까지만 해도 그녀가 왜 그렇게 두려워하는지 몰랐다. 잠시 뒤 가게 유리창에 비친 내 모습을 보고야 그 이유를 알았다. 흙이 묻은 땀투성이의 얼굴에 후줄근한 작업복까지는 그렇다 치자. 아, 내 어깨에는 작업장에서 쓰던 곡괭이가 그대로 얹혀 있었다. 그 꼴을 하고 있는지도 모른 채 무작정 그녀의 뒤를 밟았던 것이다.

오해를 풀기 위해서라도 말을 걸어야 했다. 내가 더욱 바짝 다가가자 그녀는 빠른 걸음으로 도망치기 시작했다. 그러다가 모퉁이에 있는 단독 주택 앞에서 멈춰 서서는 문을 두드리며 큰 소리로 외쳤다.

"오빠, 빨리 나와 봐! 이상한 사람이 쫓아오고 있어!"

나는 놀라서 멈칫했다가 상황을 설명하고 오해를 풀기 위해 다가갔다. 그때 집에서 그녀의 오빠인 듯한 남자가 뛰쳐나와 나를 향해 달려왔다. 내가 설명할 틈도 없이 남자의 주먹이 날아왔다. 얼마나 시간이 지났을까, 그녀의 오빠가 나를 흔들어 깨우고 있었다.

나는 그녀의 오빠에게 자초지종을 설명하고 오해를 풀었다. 그녀의 오빠도 오해를 풀었지만 동생에게 치근대는 것은 용납할 수 없다고 단호하게 말했다. 나라도 그처럼 행동했을 것이다.

작업 현장으로 돌아갔을 때 작업팀장이 도대체 어디 갔었느냐고 짜증을 냈다. 그러다가 내 얼굴이 부어오른 것을 발견하고는 무슨 일이냐고 물었다. 나는 조금 전에 넘어지면서 부딪친 거라고 둘러댔다.

그날은 종로 3가에서 작업하는 마지막 날이었다. 다음 날부터는 종로 5가로 옮겨서 작업을 했다. 그 뒤로 그녀의 모습을 볼 수 없었다. 정류장에서 기다릴까 생각했지만 참았다. 그녀에게 나는 길거리에서 여자나 치근덕거리는 치한일 뿐일 테니까.

벌써 35년 전의 일이다. 생각해 보면, 그때의 내가 무모하기는 했지만 한편으로는 귀엽기도 하다. 언젠가 내 심장을 멎게 할 그런 여성이 또다시 나타난다면, 이번에는 정신 똑바로 차리고 제대로 해 봐야지. 멋있고 점잖게.

50분,
이 남자의
목숨 같은 시간

—

125,000명. 이 숫자는 무엇을 의미할까? 우리나라에 있는 파킨슨병 환자의 숫자다. 치매 환자 다음으로 흔한 노인성 질환으로, 매년 그 숫자가 크게 증가하고 있다고 한다.

얼마 전 TV를 통해 파킨슨병 환자의 삶을 목격할 수 있었다. 프로그램에서 파킨슨병 환자라고 소개한 60대 중반의 남성이 매우 빠른 걸음으로 어딘가로 향한다. 그 모습을 보면서 나는 '어르신께서 꽤나 건강하시구나'라고 생각했다. 그러나 잠시 후 상황이 급변한다. 활기차던 그의 발걸음이 병원 입구에 이르러 이상해진다. 급속하게 경직과 마비가 온 것이다. 결국 그는 휠체어에 의지해야 했다. 잠깐 동안 이나마 걸을 수 있었던 건 특별한 약을 먹었기 때문이다. 하지만 약효가 너무 짧았다. 약을 먹을수록 내성이 생겨서 약효가 점점 줄어들고 있었다.

그는 매일 파킨슨병과 목숨을 건 전쟁을 치르고 있다. 몸에 경직이 일어나면 몸이 말을 듣지 않으면서 엄청난 고통이 시작된다. 여러 가지 고통 가운데 가장 힘겨운 것이 호흡 곤란이다. 단 몇 초라도 숨을 제대로 쉴 수 없다면 어떨까? 그런데 그에게는 이 엄청난 고통은 일상이다. 이때 그가 찾는 것이 강력한 효력을 보이는 특별한 약이다. 약을 복용하고 1시간 30분이 지나면 효력이 나타난다. 그러면 어느 정도 몸을 움직일 수 있다. 안타까운 사실은 약효의 힘을 빌려 그나마 몸을 조금 움직일 수 있는 시간이 고작 50분 정도뿐이라는 점이다.

몸을 움직일 수 있게 되면 시간을 아껴 쓰며 가장 중요한 일부터 해결해야 한다. 가장 먼저 하는 일은 화장실에 가는 것이다. 약효가 떨어지면 대소변도 마음대로 볼 수 없기 때문이다. 그런데 문제가 있다. 변비 때문에 대변이 금방 나오지 않아서 화장실에서 10~20분을 보낸다. 주어진 50분 가운데 상당한 시간을 화장실에서 써 버리는 것이다. 그다음에 그가 하는 것은 운동이다. 몸을 움직일 수 있을 때 운동을 하지 않으면 근육이 계속 줄어들어서 더 큰 문제가 생기기 때문이다. 그는 근력 운동을 하며 죽음의 공포에 맞선다. 그러는 사이에 꿈만 같던 50분이 지나가 버린다. 다시 상상하기 힘든 고통의 시간이 시작된다.

약을 자주 먹고 싶지만, 하루에 약을 복용할 수 있는 횟수가 제한되어 있다. 그리고 앞서 밝혔듯, 내성이 생겨서 약효가 점점 떨어지고 있다. 이처럼 그는 약에 의지해서 하루에도 몇 번 살았다 죽었다를 반복한다.

우리는 살아가면서 하루에 수십 번 크고 작은 불평을 쏟아낸다. 그러나 우리에게는 불만스럽기만한 그 일상들이 파킨슨병 환자에게는 꿈같은 일이다. 숨쉬기, 잠자기, 대소변 보기, 말하기, 걷기, 밥 먹기, TV 보기 등등 평범한 사람들의 일상이 그에게는 소원이다.

그의 처절한 50분. TV 속의 그를 보면서 내 삶에 대해서 다시 한번 생각해 보았다. 내가 힘들다고 생각하는 모든 것이 그 앞에서는 먼지보다 작은 불평에 지나지 않는다는 걸. 누구에게는 하찮은 일상이 누구에게는 기적이고 천국임을. 내게 주어진 것들 중에 당연한 건 하나도 없다는 걸. 내가 잊고 지내는 모든 상황이 감사이고 축복이라는 걸.

호박벌의
놀라운 비밀을
아는가?

—

호박벌의 상상을 초월하는 능력을 아는가?

호박벌은 뚱뚱하고 큰 몸에 비해 날개가 너무 작다. 구조적으로 절대로 날 수 없는 신체를 가지고 있다. 이런 신체적 결함을 극복하기 위해 호박벌은 1초에 무려 250번의 날갯짓을 한다. 과학자들은 호박벌의 신체 구조로는 공중에 떠 있는 것 자체가 기적이라고 한다. 하지만 놀라기에는 이르다. 호박벌은 이처럼 열악한 신체 구조에도 불구하고 하루에 200킬로미터 이상을 날아서 이동한다. 서울에서 강릉까지의 거리다. 떠 있는 것만도 기적인데, 그 먼 거리를 이동하는 것은 불가사의 그 자체다.

호박벌은 어떻게 공중에 떠 있을 수 있을까? 어떻게 그 뚱뚱한 몸에 어울리지 않는 작은 날개를 갖고도 그 먼 거리를 날아다닐 수 있을까? 그 답은 의외로 간단하다. 호박벌은 자신이 날지 못하는 몸을 갖고 있다는 사실을 전혀 모른다. 오직 꿀을 얻기 위해 더 빨리 날갯짓을 하면서 날개 안쪽 근육이 최적화되었다. 꿀을 얻기 위한 호박벌의 간절함이 기적을 만들었다.

다리 없는 레슬러, 자이온 클라크Zion Clark를 아는가? 그는 다리 없이 태어나 부모에게서 버림받았다. 이후 8곳의 위탁 가정을 전전하며 힘겹게 자랐다. 두 다리가 없는 괴물 같은 모습에 늘 괴롭힘과 따돌림이 따라다녔다. 그러나 그에게는 간절한 꿈이 있었다. 바로 '프로 레슬러'가 되는 것이었다.

정상인에게도 프로 레슬러가 된다는 것은 매우 힘든 일이다. 하체가 없는 그에게는 거의 불가능한 일이었다. 하지만 그는 꿈을 포기하지 않았다. 자신의 꿈을 이루기 위해 매일 상상을 초월하는 훈련을 했다. 결국 그는 18살에 꿈을 이루었다.

당신이 아기였을 때를 기억하는가?

놀라운 사실을 알려 주겠다. 당신이 걸음마를 하기까지 몇 번이나 넘어졌는지 아는가? 적어도 수천 번 이상 넘어졌다. 그런데도 당신은 포기하지 않았다. 만약 포기했다면, 당신은 지금처럼 걷지 못했을 것이다. 왜 포기하지 않았을까? 내가 걷지 못한다는 걸 단 1퍼센트도 의심하지 않았기 때문이다. 그래서 수천 번을 넘어지면서도 포기하지 않고 다시 일어섰다.

우리 모두는 기적의 존재였다. 인간은 누구나 태어날 때 포기라는 걸 모르는 존재였다. 그런데 가정 속에서, 사회 속에서 성장하며 포기하는 법을 배웠다. 성인이 된 이후에는 한두 번 시도하다가 실패하면 금세 포기한다. 아니, 무언가를 시도조차 하지 못하는 경우가 태반이다.

19세기 미국 최고의 설교자였던 필립 브룩스의 말이 생각난다.

삶이 쉽기를 바라지 말고
자신이 더 강한 사람이 되기를 바라라.

알프스를 활강하는 스키어들은 산 아래의 숲에 이르러서도

빽빽한 나무를 두려워하지 않는다.

그들의 눈에는 자신이 가야 할 길만 보이기 때문이다.

실패는 마이너스가 아니다. 시행착오라는 경험을 얻기 때문이다.

아무것도 하지 않거나 포기하는 것이야말로 삶을 좀먹는다.

당신이 할 수 있는 정도의 일이 주어지기를 바라지 말고, 그 일을 할 수 있는 능력이 생기기를 바라라.

그렇게 되면 당신이 하는 일이 기적이 되는 것이 아니라, 당신 자신이 바로 기적이 될 것이다.

우리는 누구나 슈퍼맨이었다. 커 가면서 조금씩 그 능력을 잃어 버렸다.

잊지 말자. 당신은 태어나면서부터 포기를 모르는 존재였음을. 수천 번 넘어져도 다시 일어서는 불굴의 의지를 지니고 있었음을.

이제 그 힘과 능력을 다시 한 번 내 삶에 불러내자. 그럼 우리도 호박벌처럼, 자이온 클라크처럼 불가능을 가능하게 만드는 기적의 존재가 될 수 있다. 기적은 내 안에 있다.

엄마 속옷과
바꾼
새 교과서

1979년, 초등학교 6학년 때였다. 새 학기를 맞았지만 나는 설레지도, 기쁘지도 않았다. 선생님은 새 교과서를 구할 수 없는 학생을 조사했다. 돈이 없어서 헌책을 받을 아이를 알아보았던 것이다. 새 교과서를 살 형편이 안 되는 학생은 선배들이 쓰던 헌책을 물려받아야 했다.

나는 5학년 2학기까지 매년 매 학기 단한 번도 새 교과서를 써 본 적이 없었다.

"엄마, 나 이번 학기에는 새 책 사 줘."

내가 떼를 쓰면 엄마는 풀 죽은 목소리로 말씀하셨다.

"미안하다. 다음 학기에는 꼭 새 책 사 줄게. 이번까지만 헌책 쓰자."

하지만 엄마는 내가 6학년이 될 때까지도 그 약속을 지키지 못하셨다.

저녁을 먹고 잠깐 잠이 들었다. 퇴근하고 집에 돌아온 아빠가 엄마에게 말씀하셨다.

"여보, 속옷이 없는 것 같던데, 이걸로 속옷 사 입어요."

잠결에 분명히 들었다. 나는 엄마에게 돈이 생겼다는 걸 알고는 단식 투쟁에 들어갔다.

"새 책 안 사 주면 밥 굶을 거야."

엄마는 하루 종일 나를 설득했지만, 나는 뜻을 굽히지 않았다. 결국 내가 이겼다.

"알았다. 새 책 사 줄 테니까, 이제 밥 먹자."

6학년 1학기에 드디어 꿈에 그리던 새 책을 손에 쥘 수 있었다.

교과서가 교실에 도착하면, 한 명씩 앞으로 나가서 새 책을 받았다. 내 이름이 불렸을 때 나는 당당하게 걸어 나갔다. 지금도 그때의 기억이 생생하다. 구름 위를 걷는 기분이었다.

책상에 앉아서 책을 펼쳤다. 구겨지거나 찢어지거나 해진 곳 하나 없는 깨끗한 새 교과서였다. 나는 교과서를 과목별로 한 권씩 만져 보았다. 손끝에 느껴지는 빳빳한 느낌이 아주 좋았다. 한 장 한 장 넘길 때 서걱거리는 소리도 듣기 좋았다. 코로 가져가 냄새도 맡아 보았다. 헌책에서는 맡을 수 없었던 구수한 나무 향이 났다.

덩실덩실 춤을 추다시피 하며 집으로 향했다. 새 교과를 갖게 되어서 기뻐하는 나를 보며 엄마도 기뻐하셨다.

"이 책으로 공부 열심히 해야 한다."

나는 크게 고개를 끄덕였다.

그날 오후 엄마는 달력으로 새 책을 하나하나 싸 주셨다.

"깨끗하게 써서 너도 나중에 후배한테 물려주어야 해."

엄마는 어렵게 살면서도 우리보다 더 어려운 사람을 걱정하는 배려 깊은 사람이었다.

그로부터 며칠 뒤 나는 가슴 아픈 광경을 목격했다. 그때의 그 불편했던 심정이 지금도 지워지지 않고 마음 한 곳에 무겁게 자리 잡고 있다.

당시 우리 네 식구는 5평 정도의 작은 단칸방에서 살았다. 엄마가 주무시려고 바지를 벗었을 때 속옷을 보았다. 아빠의 속옷이었다. 그마저도 낡고 해져서 여기저기 구멍이 나 있었다.

계산해 보면, 당시 엄마의 나이가 37살이었다. 요즘 37살이면 젊은 축에 속한다. 외모에 관심이 많고 치장하는 것도 좋아한다. 그 나이에 엄마는 낡고 해진 아빠 속옷을 입고 지냈다. 엄마라고 왜 예쁜 속옷을 입고 싶지 않으셨겠는가. 그제야 나는 엄마가 속옷을 살 비상금으로 나에게 새 교과서를 사 주셨다는 사실을 떠올렸다.

오늘 인터넷 쇼핑몰에서 여성 속옷을 찾아보았다. 디자인은 차치하고 제일 비싼 것으로 골랐다. 팬티 4장으로 구성된 세트 가격이 38만 원이다. 이번에 쇼핑을 하면서 이렇게 비싼 속옷이 있다는 사실을 처음 알았다. 내 기준으로 보자면, 38만 원은 속옷 100장을 살 수 있는 돈이다. 하지만 꼭 사 드리고 싶었다. 너무 늦었지만, 44년 전의 그 젊었던 엄마를 생각하며 비싼 속옷을 구입했다. 자식에게 새 교과서를 사 주기 위해 예쁜 속옷을 포기했던 엄마를 위해서.

37년 전
그때의
나를 만났다

—

완연한 가을이다. 낙엽을 보면 한때의 아름다운 추억이 떠오른다. 순수했던 시절의 따뜻한 기억이⋯⋯.

고등학교 1학년 때 나는 독특한 취미를 갖게 되었다. 낙엽에 시를 적어 보관하는 것이었다. 10월부터 낙엽을 줍기 위해 땅바닥을 보며 걸었다. 오늘은 어떤 낙엽을 주울까, 하는 설렘으로 나무 아래를 기웃거리기도 했다.

나름 꽤 까다로운 과정을 거쳤다. 아무 낙엽이나 줍는 게 아니다. 내 마음을 자석처럼 끌어당기는 낙엽이어야 했다.

먼저 수백수천 개의 낙엽들이 1차 심사를 거친다. 1차 심사를 통해 선별된 낙엽은 대략 50여 개. 2차 심사가 기다리고 있다. 방바닥에 쫙 펼쳐 놓고 모양과 색을 따져서 선별 작업을 한다. 2차 심사에서 10여 개의 낙엽이 통과된다. 이것이 끝이 아니다. 살아남은 낙엽은 다시 3차 심사를 거쳐야 한다. 3차 심사의 기준은 시를 적을 수 있는 크기와 모양, 색이다. 그렇게 최종 심사를 거쳐 선별된 낙엽은 3~4개 정도다.

낙엽은 구불구불 울퉁불퉁하다. 시를 쓰기에 적절하지 않다. 두꺼운 백과사전 사이에 낙엽을 넣고 덮어 둔다. 일주일쯤 지나서 낙엽을 꺼낸다. 낙엽이 반듯하게 펴져 있다. 잘 펴진 낙엽에 신중하게 고른 시를 적는다. 시를 적을 때는 손끝에 모든 감각을 집중해야 한다. 힘 조절을 조금만 잘못해도 낙엽에 구멍이 나거나 찢어진다. 아무리 조심해도 힘 조절을 잘못해서 절반은 버려진다. 결국 최종적으로 살아남아 완성되는 낙엽은 1~2개 정도다.

시를 적는 과정까지 마친 낙엽은 오랫동안 보관하기 위해 비닐 코팅을 한다. 낙엽 양쪽에 코팅용 비닐을 대고 그 위에 손수건을 덮는다. 적절이 열이 오른 다리미로 정성스럽게 문지른다. 반짝이는 코팅 비닐 안의 낙엽은 참 예쁘다. 코팅까지 완성한 낙엽은 나의 보물 상자로 옮겨진다. 시간이 지나면서 보물 상자 안에 낙엽이 하나둘 쌓여 간다. 하루에도 몇 번씩 보물 상자를 열어 내가 만든 낙엽을 한 장 한 장 들여다본다. 보물 상자까지 무사히 들어가 내 손에 있기까지의 과정이 영화처럼 스쳐 지나간다. 그때의 행복감은 말로 표현하기 힘들다. 최대한 감정을 실어서 시를 읽는다. 마치 내가 멋진 시인이 된 것만 같다.

코팅한 낙엽은 거의 읽지도 않는 책의 책갈피로 썼다. 낙엽은 선물로도 쓰였다. 친구 생일에 내가 정성스럽게 만든 낙엽을 선물했다. 그러면 선물을 받은 친구도 기뻐했다. 친구의 환한 표정을 보는 것이 좋았다. 고등학교 1학년, 낙엽만으로도 행복했던 시절이었다.

낙엽을 고를 때는 설렘을,
고른 낙엽을 가려 낼 때면 뿌듯함을,
책 사이에 끼우면서 기대를,
시를 적으면서 감동을,
코팅을 하면서 기도를,
낭송하면서 행복을,
선물하면서 기쁨을 느꼈다.

낙엽 하나로 인간이 경험할 수 있는 수많은 행복한 감정을 느꼈다. 그때 그 감정들이 지금 생생하게 느껴진다.

오늘 점심을 먹고 난 뒤 산책을 했다. 37년 전 고등학교 1학년 때의 나로 돌아갔다. 가로수 길 아래를 걸어 다녔다. 땅바닥을 보면서 마음에 끌리는 낙엽을 주웠다. 마음에 드는 낙엽을 찾으러 다니던 그때의 설렘이 고스란히 느껴졌다.

사무실에 돌아와 책상 위에 주워 온 낙엽을 펼쳤다. 왠지 기분이 야릇했다.

이제 나는 37년 전 고등학교 1학년 때의 순수한 마음으로 돌아간다. 그때와 똑같은 과정을 진행한다. 골라온 낙엽을 심사하고, 책 사이에 넣어 반듯하게 펴고, 펴진 낙엽에 시를 적고, 정성스레 비닐 코팅을 하고, 낙엽에 적힌 시를 낭송하고, 주변 사람에게 선물도 할 예정이다. 낙엽만 있어도 행복하다. 낙엽 하나로도 수많은 따뜻한 감정을 되찾을 수 있어서 좋다.

10월, 완연한 가을이다.

날씨는 쌀쌀하지만, 마음 따뜻해지는 아름다운 추억이 있어서 이 가을이 참 좋다.

유전무죄
무전유죄

한때 나는 신용 불량자였다. 30대 후반부터 40대 중반까지 신용 불량자로 지냈다.

자동차를 살 형편이 아니었지만, 영업을 하기 위해서는 차가 있어야 했다. 빚을 갚으면서 한 푼 두 푼 어렵게 모은 돈으로 LPG 중고 승합차를 90만 원에 구입했다. 내 차가 다시 생겼다는 사실이 무척 기뻤다.

다음 날 오전 동네에 있는 셀프 세차장으로 갔다. 차를 깨끗이 닦고 왁스로 광도 냈다. 반나절 동안 열심히 닦고 광을 내니 제법 근사해 보였다. 비록 출고한 지 10년이 훨씬 넘은 낡은 차였지만 나에게는 너무나 소중했다.

차를 구입하고 며칠 뒤 거래처 팀장에게서 전화가 왔다.

"오늘 시간 되시면 저녁 식사 어때요?"

"저녁 식사요?"

"전에 좋은 물건 소개해 줘서 도움이 많이 되었어요. 오늘 제가 쏠게요."

"네, 감사합니다. 어디서 만날까요?"

"논현동에 맛있는 일식집이 있는데 거기로 가시죠."

"그럼 제가 팀장님 사무실로 갈게요. 함께 제 차로 이동하시지요."

퇴근 시각에 맞추어 그의 사무실로 갔다.

"좋은 차로 모셔야 하는데, 이런 차로 모셔서 죄송합니다."

"뭘요. 차가 넓고 좋네요."

팀장은 예의상 그렇게 말했지만, 누가 봐도 오래된 깡통차였다.

논현동에 있는 제법 큰 일식집에 도착했다. 주말 저녁 시각이어서 일식집 앞에 서너 대의 차가 대기하고 있었다. 모두 고급차였다. 손님이 운전석에서 내리면 직원들이 나와서 한 대씩 발레파킹을 해 주었다. 내 차례가 되어서 차를 앞에 대고 음식점으로 들어가려는데 직원이 큰 소리로 말했다.

"손님, 여기 자리가 없습니다. 저쪽으로 100미터 정도 앞에 공영 주차장이 보이죠?"

"저기 골목 끝에 있는 거요?"

"거기 차 대고 오세요. 주차비는 저희가 내 드립니다."

"네, 알겠어요."

팀장에게는 먼저 들어가라고 하고 나는 주차한 뒤에 돌아왔다. 그런데 돌아와서 보니 자리가 없다고 해 놓고는 여전히 직원들이 발레파킹을 하고 있었다. 그제야 알았다. 차를 댈 자리가 없었던 게 아니라, 고물차라서 외면당했다는 사실을. 나는 따지고 싶었지만 더 궁색해질 것 같아서 그냥 참았다. 회를 먹는 내내 나 때문에 함께 부당한 대우를 받은 팀장에게 미안하고 식당 측의 처신이 분해서 음식이 코로 들어가는지 입으로 들어가는지 알 수 없었다.

10년이 훨씬 지난 일이지만 그때 기억이 생생하다. 사람이 아닌 차로 사람을 판단했던 그들을 생각하면 지금도 마음이 언짢다. 그때 처음으로 실감했다. 돈이 없으면 불편할 뿐만 아니라 언제든 차별 대우를 받을 수 있다는 사실을.

똑같은 죄를 짓고도 사회적 계급에 따라 불공평한 처벌을 받는 장면을 어렵지 않게 목격할 수 있다. 유전무죄 무전유죄有錢無罪 無錢有罪라는 말이 조금도 과장되지 않았음을 피

부로 느끼게 된다. 법률소비자연대의 조사에 따르면 국민의 80퍼센트 정도가 유전무죄 무전유죄에 공감한다고 한다.

　나는 상담과 컨설팅, 비즈니스 미팅으로 하루 동안에 많은 사람을 만난다. 가만히 눈을 감고 생각해 본다. 나 역시 누군가를 만날 때 사람 그 자체가 아닌, 상대의 부富로 판단하고 대우하고 행동하지 않았는지를. 은연중에 튀어나왔을지도 모를 나의 행동에 상처받은 사람이 없는지를. 십수 년 전 내가 겪은 그 일을 반면교사 삼아야겠다.

그 힘은 도대체
어디서
나오는 걸까?

—

일주일 전이었다. 50대 여성과 비즈니스 미팅을 했다. 그녀와의 만남은 큰 여운을 남겼다. 그녀의 도전과 열정의 힘 때문이었다.

'그 힘은 도대체 어디에서 나오는 걸까?'

그녀와 이야기를 나누면서 그 놀라운 힘의 비밀을 알 수 있었다. 그녀의 역경 스토리에 답이 있었다.

그녀는 이혼을 하고 혼자 아이들을 키우면서 학원을 운영했다. 그러나 학원 운영이 만만치 않았다. 매월 흑자와 적자 사이에서 아슬아슬한 줄타기를 했다. 학원생을 모집하기 위해 아이들의 등하교 시간에 학교 앞에서 매일 전단지를 돌렸다. 그렇게 노력한 덕분에 겨우 생활이 어느 정도 안정되어 갈 즈음 큰 사기를 당했다. 40대 중반에 전 재산을 잃고 많은 빚을 떠안았다.

아이들을 키우기 위해 안 해 본 일이 없었다. 식당과 슈퍼마켓, 공장에 다니면서 닥치는 대로 일했다. 그렇게 한 푼 두 푼 모은 돈으로 50대 초반에 다시 학원을 열었다. 하지만 하늘도 참 무심했다. 다시 일어서려는데 코로나 사태가 터졌다. 학원은 1년도 안 되어 다시 접어야 했다.

이제 나이가 들어 몸을 쓰는 일을 하는 곳에는 취업하기 힘들었다. 하루하루 먹고사는 문제를 고민하다가 우연히 '집에서 블로그로 돈 버는 법'에 관한 인터넷 강의를 접했다. 그녀에게는 다른 선택지가 없었다. 돈도 능력도 젊음도 없는 그녀가 할 수 있는 일은 그것뿐이었다.

잠자는 시간 빼고 하루 종일 매달렸다. 하루에 거의 20시간을 투자해서 블로그에 대해서 배우고, 배운 대로 글을 썼다. 너무 몰입해서 일하느라 3개월이 안 되어 어깨와 허리, 팔목에 이상이 생겼다. 그러나 멈출 수 없었다. 병원에 다니며 치료를 받으면서 계속 블로그에 글을 올렸다.

그러자 6개월째부터 블로그 리뷰 아르바이트로 돈을 벌기 시작했다. 50만 원, 100만 원이 들어오더니, 8개월째부터는 수입이 200만 원으로 늘었다. 하지만 이 정도 수입으로는 생활비가 부족했다. 자신이 누군가에게 블로그에 대해서 배운 것처럼 블로그 강의를 해 보기로 마음먹었다.

자신과 연배가 비슷한 중년 세대를 대상으로 블로그 수업을 한다는 모집 광고를 올렸다. 놀랍게도 예상보다 많은 30명의 수강생이 신청했다. 그러나 기쁨도 잠시, 엄청난 두려움이 몰려왔다. 타인 앞에서 강의를 하는 것에 대한 걱정이 갈수록 커졌다. 심지어 그녀는 무대 공포증까지 있었다.

그러나 피할 수 없었다. 강의 시작까지는 한 달이 남아 있었다. 극복해야만 했다.

곧바로 스피치 학원에 등록했다. 하루 종일 강의안을 만들고 스피치 학원에서 배운 대로 연습했다. 수십 번, 수백 번 연습하고 또 연습했다. 강의안을 보지 않고도 자연스럽게 말이 나올 때까지 연습했다. 그렇게 한 달이 지나고 수강생들 앞에 섰다.

여전히 두렵고 떨렸다. 강의 실력도 부족했다. 하지만 그럭저럭 첫 강의를 마무리했다. 이후 자신감을 얻은 그녀는 두 달 뒤에 2기 강의를 열고, 다시 두 달 뒤에 3기를 진행했다. 이렇게 수강생이 꾸준히 있어 주기만 한다면, 더할 나위 없겠다는 생각이 들었다.

하지만 또다시 문제가 생겼다. 그녀의 강의 콘셉트를 따라 하는 경쟁자들이 우후죽순처럼 생겨나기 시작했다. 그래서 4기, 5기로 갈수록 수강생이 점점 줄어들었다. 블로그를 운영하고 강의를 하면서 얻는 수입만으로는 빚과 생활비를 감당할 수 없었다.

그녀는 또 다른 도전에 나서야 했다. 나이가 들어도 계속할 수 있는 일을 찾아야 했다. 그래서 찾은 일이 직업 상담사와 사회 복지사였다. 그녀는 고3 수험생보다 더 열심히 공부에 매달렸다. 그 결과 두 개의 자격증을 땄다. 늦은 나이에 사회 복지사로 취업하여 안정적인 수입을 얻을 수 있었다. 블로그 운영과 강의를 통해서도 수입을 만들고 있다.

그녀는 내가 만든 인생 2막 클래스인 〈인클〉에서 자신의 경험과 노하우를 강의하기로 했다. 그동안 그녀가 쌓아 온 남다른 경험과 인생 노하우도 대단하지만, 포기를 모르는 정신력이 더욱 존경스럽다. 보통 사람이라면 단 한 번의 시련과 실패에도 주저앉았을 것이다.

낯선 길에 대한 두려움은 누구에게나 있다.

다만 의지가 강한 이들은

　　　　　그 낯 선 길 에 서 새 로 운 방 향 을 모 색 한 다.

100세 시대다. 50년 동안 살아온 방식을 과감하게 버리고

새로운 삶을 선택하는 사람만이

평생의 업을 누리며 현역으로 살아갈 수 있다.

그녀는 세상을 탓하기 전에 해결 방법을 찾아 도전하고 또 도전했다. 겉모습은 50대 중반의 연약한 여성이지만, 나에게 그녀는 슈퍼맨보다 더 강력한 힘과 내공을 지닌 존재로 보였다.

지칠 줄 모르는, 포기를 모르는 슈퍼맨과 같은 힘은 어디에서 나오는 걸까?

그녀를 보내고 많은 생각을 했다. 그 힘은 '삶을 대하는 태도'에서 나온 것이었다. 대부분의 사람은 무언가 새롭게 시도하는 것을 두려워한다. 그래서 시도조차 하지 않는다. 어렵게 시도해도 한두 번의 실패와 좌절을 경험하면 포기한다. 그러나 그녀는 삶을 대하는 태도가 남달랐다. 실패 앞에서 후회하고 누군가를 탓하며 주저앉아 있지 않았다. 지금 자신 앞에 놓인 난관을 헤쳐 나갈 해법을 찾았다. 그리고 계획이 서면 곧바로 실행에 옮겼다. 그녀가 성공한 이유는 오직 그것뿐이었다.

그녀는 문제를 난관으로 보지 않고 해결해야 할 과제로 보았다. 삶을 대하는 그녀의 태도에 다시 한번 큰 박수를 보낸다.

그냥 오는
돈은 없다

초판 1쇄 발행 2022년 5월 23일

지은이 단희쌤(이의상)
펴낸이 김선준

기획·책임편집 송병규
표지 디자인 엄재선
본문 디자인 김은희
마케팅 권두리, 신동빈
홍보 조아란, 이은정, 유채원, 권희, 유준상
경영관리 송현주, 권송이

펴낸곳 ㈜콘텐츠그룹 포레스트 **출판등록** 2021년 4월 16일 제2021-000079호
주소 서울시 영등포구 여의대로 108 파크원타워1 28층
전화 02) 332-5855 **팩스** 070) 4170-4865
홈페이지 www.forestbooks.co.kr **이메일** forest@forestbooks.co.kr
종이 ㈜월드페이퍼 **인쇄·제본** 한영문화사

ISBN 979-11-91347-83-8(03190)

㈜콘텐츠그룹 포레스트는 독자 여러분의 책에 관한 아이디어와 원고 투고를 기다리고 있습니다. 책 출간을 원하시는 분은 이메일 writer@forestbooks.co.kr로 간단한 개요와 취지, 연락처 등을 보내주세요. '독자의 꿈이 이뤄지는 숲, 포레스트'에서 작가의 꿈을 이루세요.